일상 속 · 법 이야기
그런 법이어딨어!

글 강효미 | **그림** 유남영 | **감수** 김한주 | **정보 글** 황호용

펴낸날 2011년 11월 20일 초판 1쇄 | 2014년 1월 6일 초판 4쇄

펴낸이 김상수 | **기획·편집** 고여주, 위혜정 | **디자인** 정진희, 김수진 | **영업·마케팅** 황형석, 장재혁

펴낸곳 루크하우스 | **주소** 서울시 성동구 성수 2가 3동 277-58 성수빌딩 311호 | **전화** 02)468-5057~8 | **팩스** 02)468-5051

출판등록 2010년 12월 15일 제2010-59호

www.lukhouse.com   cafe.naver.com/lukhouse

© 루크하우스 2011
저작권자의 동의 없이 무단 복제 및 전재를 금합니다.
* 이 책은 사실을 바탕으로 한 픽션입니다.

ISBN 978-89-97174-04-1 73360

※ 잘못된 책은 구입처에서 바꾸어 드립니다.
※ 값은 뒷표지에 있습니다.

상상의집은 (주)루크하우스의 아동출판 브랜드입니다.

일상 속 • 법 이야기

그런 법이 어딨어?!

· **글** 강효미 · **그림** 유남영 · **감수** 김한주

상상의집

감수자의 말

'법' 하면 여러분은 무엇이 떠오르나요? 엄숙한 법정이나, 판사와 검사, 두꺼운 법전 등이 생각나지 않나요? 법은 어쩐지 어렵고 멀리 있는 것 같습니다. 하지만 법은 우리의 일상과 하나 하나 연관되어 있습니다. 인터넷으로 영화나 음악을 다운로드 받는다거나, 파란 신호등에 길을 건널 때에도, 슈퍼에서 거스름돈을 더 받았을 때에도 눈에 보이지는 않지만 모두 법의 적용을 받고 있는 것이지요.

법이란 사회에서 사람들이 서로 지키기로 한 약속입니다. 예절이나 도덕과는 달리 그것을 어기는 사람에게 규제를 가하지요. 법을 어겼을 경우 다른 사람들에게 큰 피해를 줄 수 있기 때문입니다. 하지만 법은 갑갑한 규칙만은 아니에요. 법이 있기 때문에 질서와 규칙이 있고, 범죄로부터 나 자신도 보호받을 수 있지요. 또 세상을 살면서 일어나는 크고 작은 분쟁을 해결해주는 것도 바로 법이에요.

어린이 여러분 중에서도 장래 희망으로 법조인을 꿈꾸는 사람이 있겠지요? 판사나 검사, 변호사는 세상을 정의롭게 바꾸는 일을 합니다. 꿈나무 법조인이라면 우리 주변의 법 문제부터 잘 알아두어야겠지요?

〈그런 법이 어딨어?!〉에서는 삼총사의 일상을 통해서 우리의 하루 하루가 법과 얼마나 긴밀한 관계를 맺고 있는지 보여줍니다. 멀리 있다고 생각하기 쉬운 법을 삼총사의 좌충우돌과 함께 재미있게 배울 수 있습니다. 법은 전문가들을 위한 어려운 학문이 아니라 우리가 꼭 알아두어야 할 상식과도 같아요. 법을 알면 세상을 더 다양한 시선으로 이해할 수 있답니다. 이 책을 통해서 여러분이 법에 대해서 좀 더 관심을 갖길 기대합니다.

변호사 김한주

등장 인물

강우돌

대한민국 어디서나 볼 수 있는 평범한 4학년이지만, 다른 점이 있다면 남보다 10배는 더 장난꾸러기라는 것! 억울한 일이 있으면 큰 소리부터 치고, 자신과 가족, 친구의 권리가 침해당했을 경우, 목숨을 다해(?) 적을 물리친다.

이철구

우돌이와 민재를 따라서 언제나 장난은 치면서, '그래도 될까?', '혼나면 어떡해.' 하면서 지레 겁부터 먹지만 친구들도 몰랐던 놀라운 능력을 갖고 있기도 하다. 혼자서는 당당히 따지지도 못 해서 억울한 일을 당해도 참고 넘어간다.

오민재

<어린이가 알아야 할 법률 상식 100가지>를 꼭 들고 다니는 투철한 준법 정신의 소유자. 법을 지키지 않는 어른들을 지적하다가 꿀밤 맞기 일쑤다. 자신은 옳은 말만 한다고 생각하지만 실은 엉터리 지식도 많다.

나샛별

'내사랑 별빛소녀'에 단역으로 출연한 연기 꿈나무. 샛별이를 좋아하면서도 괴롭히는 우돌이 때문에 힘들어하지만, 과연 샛별이의 진심은 무엇일까?

차례

1 변기처럼 꽉 막힌 아침 12

인간에겐 행복할 권리가 있다고요 14
- Tip 장난 전화하면 어떤 벌을 받나요?
- Tip 국민의 권리와 의무
- Tip 법의 말과 일상의 말

개똥을 밟아도 개 주인은 잘못이 없다고? 22
- Tip 손해배상을 해 줘야 할까요?
- Tip 개를 데리고 다닐 때 지켜야 할 일

2% 부족한 꼬마 법률가 29
- Tip 거스름돈을 더 받았으니 오늘은 운수 좋은 날?

2 학교는 엉터리야! 42

과속했다고 사형? 설마! 44
Tip 죄와 형벌은 법에 정해진 대로!
Tip 길 위에도 법이 있다

내 잘못이 곧 부모님의 잘못? 50
Tip 내 잘못인데 부모님을 모시고 오라고?

나도 결혼을 할 수 있을까? 54
Tip 초등학생도 결혼할 수 있나요?

3 공짜 게임기 66

익명이면 괜찮다고? 68
Tip 우리에게는 표현의 자유가 있어요!

게임기를 공짜로 준다고? 74
Tip 미성년자도 계약을 맺을 수 있을까?

홈쇼핑에서 산 물건이 반품이 안 된다고? 79
Tip 물건을 산 후 7일 이내라면 반품할 수 있어요

4 초등학생은 돈을 못 번다고? 88

하늘이 두 쪽 나도 취소가 안 된다고? 90
Tip 게임기 사기꾼의 계약서, 취소할 수 있다

초등학생은 돈을 벌 수 없다고? 95
Tip 현명하게 돈을 벌자

한 시간 일하면 얼마를 벌 수 있을까? 99
Tip 한 시간 일하고 겨우 천 원이라니?

5 무시무시한 유괴 사건 110

샛별이에게 무슨 일이? 112
Tip 낯선 사람을 조심하라고?

죄를 보고도 가만히 있으면 벌을 받을까? 116
Tip 범죄를 보고도 도와주지 않으면 죄가 되나요?

112에 장난 전화하면! 120
Tip 범죄가 일어나면 어떻게 해야 할까요?

6 102% 완벽한 해피엔딩 130

유괴범을 잡았다! 132
Tip 법과 관련된 일을 하는 사람들

삼총사의 깨달음 137

7 모의 재판 148

변기처럼
꽉 막힌 아침

인간에겐 행복할 권리가 있다고요

"강우돌!"

접시가 깨지는 것처럼 쨍그랑하는 소리.

"지금이 몇 신 줄 알아? 빨리 못 일어나니?"

무시무시하게 화가 난 엄마의 목소리다.

'뭐…? 벌써 아침이라고…?'

분명히 조금 전까지는 밤이었다. 만화책을 보다가 잠깐 눈을 감았다 떴을 뿐인데 그새 세상이 하얗게 밝아져 버렸다는 것이 믿기질 않았다. 베개 위에는 어젯밤에 보던 만화책들이 그대로 흩어져 있었다.

"너 어제 또 만화책 보다 늦게 잤구나! 엄마가 못 살아!"

엄마가 우돌이를 향해 눈을 흘겼다.

"아니에요!"

"아니긴 뭐가 아니야? 빨리 씻고 준비해! 아니면 또 지각이야."

엄마는 물 먹은 솜처럼 무거운 우돌이의 몸을 억지로 일으켜서 화장실로 밀어 넣었다.

'으…… 졸려. 5분만 더 잤으면 좋겠다……. 대체 학교란 건 왜 있는 거야?'

우돌이는 눈을 부비며 바지를 내렸다.

'어제 뭘 잘못 먹었나? 배가 무지 아프네.'

주룩주룩 뿌잉 주르륵

변기 위에 걸터앉자마자 쉴 새 없이 엉덩이 사이에서 똥이 쏟아졌다.

'어이쿠, 시원하다.'

그때였다.

갑자기 엉덩이가 근질근질거리더니 축축한 느낌이 들었다. 우돌이가 슬쩍 엉덩이를 들고 변기 안을 내려다보니 놀랍게도 변기 안 가득찬 우돌이의 똥이 마치 살아있는 것처럼 꿈틀꿈틀거리고 있는 거다.

"으악! 이게 무슨 일이지?"

우돌이의 똥들은 꿈틀거리다가 갑자기 변기를 뚫고 천장으로 솟구쳐 오르기 시작했다. 화산 폭발처럼 거대한 똥 폭발이 일어나고 있는 것이었다.

"으악! 더러워!"

똥은 사방으로 튀어서 화장실은 곧 똥으로 가득 찼다. 냄새가 너무 지독해서 우돌이의 코가 마비될 지경이었다.

"엄마! 아빠! 나 좀 살려줘요! 똥이 폭발했어요!"

아무리 손잡이를 비틀어 봐도 문은 열리질 않았다. 우돌이의 목소리도 엄마와 아빠 귀에까지는 들리지 않는 모양이었다.

"엄마! 엉엉! 살려주세요!"

그때 문 밖에서 날카로운 목소리가 소리쳤다.

"우돌이, 너 또 변기에 앉아서 졸고 있지?"

"졸고 있냐구요? 그게 아니라요……! 똥, 똥이…. 응? 여기가 어디지?"

엄마, 살려주 세요!

콸

뽈

눈을 떠서 정신을 차리고 보니 우돌이는 변기 위에 앉아 있었다.

화장실은 아까와 다름없이 깨끗하고 평화로웠다. 어디에도 똥은 묻어 있지 않았다.

'휴. 변기에 앉은 채 깜박 잠들었었구나. 다행이다. 아침부터 왜 이렇게 더러운 꿈을 꿨지?'

기분이 영 찝찝했다. 얼른 일어나 변기 물을 내리는데,

어이쿠!

변기가 막혔는지 쿠륵쿠륵 소리를 내면서 물이 위로 넘쳐 흐르기 시작하는 거다.

"윽!"

이번엔 꿈이 아니라 진짜다. 우돌이는 재빨리 화장실 문을 열고 뛰쳐나왔다.

"변기가 막혔어요!"

"뭐, 또?"

엄마가 눈짓을 하자 넥타이를 매고 있던 아빠가 코를 빨래집게로 집고는 화장실로 들어갔다. 곧이어 아빠가 변기를 뚫기 위해 열심히 펌프질을 하는 소리가 들려오기 시작했다.

"배고파요, 엄마. 밥 줘요."

"오늘은 아침밥 없는데?"

"네?"

"엄마도 늦잠을 자서 출근 준비 하느라 바빠. 정 배고프면

냉장고에 우유 있으니까 마시고. 우리 아들, 미안!"

엄마가 눈을 찡긋했다. 시원하게 볼일을 본 이후라 우돌이의 배 속에서는 밥 달라고 꼬르륵 꼬르륵 아우성을 쳐댔다.

"너무해요! 아침에 밥을 차려 주는 건 엄마의 의무라고요!"

"엄마가 아침밥 차려 주는 사람이니?"

"그럼 아니에요? 아들한테 밥도 안 차려 주는 건 엄마의 직무유기예요!"

"요게!"

엄마는 우돌이의 이마에 꿀밤을 콩닥 놓았다.

"직무유기가 무슨 뜻인지나 알고 쓰는 거야? 그리고 엄마도 하루 종일 밖에서 일하다 보면 얼마나 피곤한지 알아?"

"오므라이스 해 주세요!"

우돌이는 마구 떼를 쓰기 시작했다.

"강우돌 너 어제 또 112에 장난 전화했지? 엄마가 하지 말라는

장난 전화하면 어떤 벌을 받나요?

　설마 경찰서나 소방서에 장난 전화를 하는 친구는 없겠죠? 경찰서나 소방서와 같은 공공기관에 아무런 이유도 없이 여러 번 전화를 걸어 경찰과 소방관들을 괴롭히는 행동은 범죄랍니다. 다른 범죄보다 조금 가벼운 이런 범죄들을 경범죄라고 부르지요. 노상방뇨, 무전취식 등이 있어요. 경범죄 처벌법에 의하면 이럴 경우 10만원 이하의 벌금이나 구류, 과료 등의 형을 받게 된답니다. 또 만약 장난 전화를 걸어 나쁜 말을 하면 협박죄나 공무집행방해죄에 해당할 수도 있어요.

건 좀 안 하는 게 아들의 의무란 생각은 안 드니?"

"어젠 진짜로 경찰에 신고할 일이 있었단 말이에요!"

"한 번만 더 장난 전화해 봐. 그땐 엄마가 경찰 아저씨한테 전화해서 너 잡아가라고 할 거야!"

"억울해요. 진짜 그럴만한 이유가 있었는데 엄마는 들으려고도 안 하고! 인간에게는 행복할 권리가 있다는데 전 하나도 안 행복해요."

"얘가 요즘 왜 이렇게 어려운 말을 많이 쓰지? 너 행복할 권리가 뭔지나 알고 하는 말이야? 입만 살아서는!"

"왜 몰라요? 아침부터 기분 나쁜 꿈이나 꾸고, 변기는 막히고, 엄

국민의 권리와 의무

우리는 나라에 대해서 국민의 한 사람으로서 여러 가지 권리를 가지고 있어요. 이런 권리들은 헌법에 적혀 있지요. 헌법을 살펴보면 평등권이나 자유권, 참정권, 사회권 등이 우리가 누릴 수 있는 권리예요. 하지만 이와 동시에 의무도 가지게 된답니다. 세금을 내야 하고 국방의 의무를 다해야 하지요. 또 교육의 의무와 근로의 의무도 갖고 있어요. 우리가 가지고 있는 권리와 의무는 서로 반대되는 것 같지만 많은 연관성을 갖고 있기도 해요. 교육의 의무는 바꿔 말하면 교육을 받을 권리이기도 한 것처럼 말이에요. 우리의 권리를 포기하지 말고 꼭 찾아서 누리고 또 국민의 의무도 다해야겠지요?

마는 아침밥도 안 주면서 괜히 혼만 내고……. 난 너무 불행해요."

"냄새 참아가며 변기 뚫은 건 이 아빠인데 왜 네가 불행하다는 거냐?"

아빠가 마침내 변기를 뚫고 잔뜩 찌푸린 얼굴로 화장실에서 나왔다.

"그걸 헌법에서 말하는 인간의 행복추구권이라고 하는 거다. 그런데 인간에게 행복추구권이 있다면 이 아빠는 인간이 아닌가보다. 매일 아침 아들의 똥 냄새를 맡으면서 변기를 뚫어야 하니 말이다."

"그러게 말이에요. 아침마다 고생하는 건 당신인데 왜 우돌이가 매일 불평을 하는지 원."

"그리고 엄마에게 아침밥 차릴 의무가 있다는 말은 또 처음 들어봤구나. 국민에게 국방, 납세, 교육, 근로의 의무가 있다는 건 들어봤지만 말이다. 이건 헌법에 쓰여 있는 거니 진짜다."

법의 말과 일상의 말

법은 너무 어렵다고요? 법이 어렵게 느껴지는 이유 중 하나는 법의 말이 너무 어렵기 때문이에요. 우리나라 법률은 일제 강점기 때 만들어진 법의 영향을 많이 받았어요. 그래서 일본식 표현이나, 어려운 한자어, 우리나라의 어법에 맞지 않는 표현들이 많아서 법을 공부하지 않은 사람들을 혼란스럽게 만들지요. 법은 바로 우리 일상에서 일어나는 일들을 다루고 있답니다. 모두의 삶에 영향을 주는 법이니만큼 누가 읽어도 쉽게 알아볼 수 있어야겠지요? 그래서 요즘은 어려운 법률 용어들을 좀 더 이해하기 쉽게 다듬자는 목소리도 커지고 있지요.

"흥! 엄마, 아빠 미워요! 배고파서 학교도 가기 싫어요!"

우돌이는 제 방으로 들어가 버렸다.

"학교에 가는 건 학생으로서의 의무다! 그러니 안 가면 안 돼! 그나저나 여보. 정말 아침은 없는 거야?"

"당신이 좀 일찍 일어나서 차려 봐요. 회사 일 하랴, 집안일 하랴, 전 너무 불행해요! 흑흑!"

개똥을 밟아도 개 주인은 잘못이 없다고?

"엄…엄마야! 오…오늘도 지각이다!"

철구는 빛의 속도로 대문을 통과한 다음, 헐레벌떡 골목길을 빠져나오고 있었다. 오늘도 지각을 한다면 진짜 큰일이다.

"오우. 우리 철구 정말 대단해. 10일 연속 지각이라니, 호호. 오늘은 이 정도 벌에서 끝나지만 내일도 또 지각하면 어떻게 될까? 궁금하다면 어디 한 번 또 지각해 봐!"

무서운 목소리로 호통을 치던 선생님의 표정이 떠오르자, 다리가 후들거렸다.

'괘…괜찮아. 여기서 삼거리까지 5분이면 뛰어갈 수 있고, 삼거리부터 교실까지 2분이면 가니까…… 엇?'

그때 뭔가 미끌미끌거리는 것이 철구의 운동화에 지익 밟혔다.

하마터면 휘청 미끄러질 뻔했다.

"윽! 이…이게 뭐야? 개똥이잖아?"

어마어마한 크기의 개똥 덩어리가 철구의 하얀 운동화에 짓밟혀 있었다. 아직도 따뜻해서 김이 모락모락 나는 개똥이 운동화에 잔뜩 묻어 버렸다.

"으앙! 이…이거 어떡해. 어제 새로 산 운동화인데!"

순간, 커다란 크기의 똥개 한 마리가 철구의 눈에 들어왔다.

"오…옳지! 네 놈이 이 똥을 싼 녀석이로구나? 너 이리 못 와?"

똥개는 철구를 향해 슬금슬금 다가오더니, 철구의 다리에 제 다리를 부비적거리는 것이었다. 똥개의 다리에 묻어 있던 똥이 철구의 바지에 찍 묻어났다.

"으…으악! 저리 가! 저리 가란 말이야!"

이리 오라고 할 땐 언제고 철구는 한쪽 다리로 똥개를 저리 가라며 마구 밀쳐냈다.

"컹컹! 컹컹!"

그러자 똥개의 눈이 짐승처럼 돌변하더니 철구를 향해 무섭게 짖으며 쫓아오는 것이 아닌가?

"으… 으악! 사람 살려! 철구 살려!"

골목길 끝까지 걸음아 날 살려라 뛰던 철구는 그만 철퍼덕 자빠져버리고 말았다.

"아얏! 으… 아파라."

어찌된 일인지 개 짖는 소리가 더 이상 들려오지 않았다. 뒤를 슬그머니 돌아봤더니 아까 그 똥개는 개 주인으로 보이는 아저씨의 다리에 엉겨 붙어 꼬리를 흔들고 있는 거다.

철구의 무릎은 까여서 피가 나고 있었다.

"아… 아저씨!"

개 주인 아저씨는 자신을 부르는 철구를 흘끔 보더니 못들은 척 똥개를 데리고 대문 안으로 들어가려고 했다.

"아… 아저씨!"

"설마 날 부른 거냐?"

"아… 아저씨 똥개 때문에 제가 다쳤단 말이에요."

평소 소심하기로 전교에서 둘째가라면 서러운 철구가 겨우 용기를 내어 떨리는 목소리로 말했다.

"어디서 감히 똥개래? 그리고 네가 다친 게 왜 우리 사랑스러운 똘이 때문이냐?"

"제 운동화를 좀 보세요. 똥개…… 아니, 아저씨의 사랑스러운 똘이가 싼 똥 때문에 이렇게 됐어요. 게다가 똥개…… 아니, 아저씨의 사랑스러운 똘이가 저를 물려고 으르렁거리며 쫓아왔단 말이에요! 그 바람에 넘어져서……."

"넘어진 건 안됐다만, 그래서 나보고 어쩌란 거냐?"

"물어주셔야죠. 제 운동화랑 무릎 다친 거랑……. 아, 저기 물론 새로 사 달란 뜻은 아니고요. 전 그저 사과라도……."

"하하. 웃기는 놈일세. 내가 대체 왜 너한테 사과를 해야 한단 말이냐?"

"아저씨 똥개…… 아니 아저씨의 사랑스러운 똘이가 그런 거잖아요."

1장 변기처럼 꽉 막힌 아침 **25**

"내가 그랬냐? 내가 그랬어? 내가 여기다 똥 싸고, 내가 너 물려고 쫓아갔어? 아니잖아? 내가 그런 것도 아닌데 왜 내가 너한테 사과를 해야 돼?"

철구는 슬슬 화가 나서 얼굴이 시뻘게지기 시작했다.

"잘못이 있다면 골목길에 개똥이 있는지 없는지 잘 살펴보면서 걷지 않은 네 잘못이지. 허허. 맹랑한 놈. 감히 나한테 사과를 하라니."

"아… 아저씨 똥개가 그런 거니까요!"

"그럼 우리 똘이한테 사과하라고 하면 되겠군. 똘이야, 저 꼬마한테 사과하렴."

그러자 똥개가 컹컹하고 철구를 향해 낮고 강하게 으르렁거렸다.

"자, 우리 똘이가 사과를 했어. 그럼 됐지? 난 이만 들어간다."

"아저씨! 그런 게 어디 있어요? 빨리 사과하세요! 빨리요!"

"어허. 이 놈 진짜 맹랑하네."

그때 모든 것을 지켜보고 있던 골목길 맞은 편, 슈퍼집 아줌마가 슬금슬금 걸어오더니 한 마디를 툭 던졌다.

"꼬마, 네가 잘못한 거야."

"아니, 제가 왜요?"

"이 아줌마가 멀리서 지켜보고 있었는데 말이다. 네가 먼저 저 개를 발로 찼잖니?"

"그건 저 똥개가 제 바지에 똥을……."

"이 아줌마가 잘 아는 개인데, 먼저 공격하고 그럴 개가 아니야. 얼마나 순하다고. 네가 먼저 찼으니 네가 개한테 손해배상을 해줘야겠다."

"네? 소…손해배상이요?"

손해배상을 해 줘야 할까요?

다른 사람에게 피해를 끼쳤다면 원래대로 되돌릴 수 있도록 해야겠지요? 이것을 손해 배상이라고 해요. 보상과 배상은 비슷하지만 서로 다른 말이랍니다. 법에 어긋나지는 않지만 피해를 주었을 때는 손실을 '보상', 법에 어기면서 다른 사람에게 피해를 주었을 때는 손해를 '배상'해야 하지요.

우리 민법에서 손해배상은 크게 두 가지로 나누어 규정되어 있어요. 계약을 한 관계에서 손해를 준 경우나 불법적인 일로 손해를 준 경우가 그것이지요. 철구는 개 주인과 어떠한 계약을 체결한 것은 아니기 때문에 불법행위에 의한 손해배상책임이 문제되지요.

철구가 '일부러 또는 실수로(고의 또는 과실) 개를 차서(위법한 가해행위) 개가 다친 경우(손해발생)'라면 철구는 개 주인에게 손해배상으로 돈을 지불해야 한답니다. 하지만 지금 철구가 손해배상을 해야 할 상황은 아닌 것 같네요.

"역시 꼬마 네가 먼저 우리 사랑스러운 똘이를 찬 거였구나? 그럼 그렇지. 쯧쯧. 네가 우리 똘이에게 사과해야겠어."

"그… 그런 법이 어디 있어요?"

철구는 무진장 화가 났지만 이 아저씨, 아줌마와 말을 더 이상 섞었다간 괜히 혼쭐이 날 것 같았다. 시계도 벌써 '여기서 조금만 더 시간을 지체하다간 넌 지각이다.'라고 말하고 있었다.

"몰라요! 전 갈래요!"

철구가 뛰어서 골목길을 빠져나가자 개 주인 아저씨와 슈퍼집 아줌마가 서로 마주보고 씩 웃었다.

"여보, 정말 잘했어. 아주 웃기는 꼬마야."

"그러게 말이에요. 우리 사랑스러운 똘이가 대체 무슨 잘못을 했다고. 흥!"

개를 데리고 다닐 때 지켜야 할 일

동물의 주인이나 동물을 데리고 다니는 사람은 주인이 아니더라도 다른 사람에게 동물이 피해를 주지 않도록 해야 해요. 만약 동물이 피해를 주면 손해를 배상할 책임을 집니다. 동물의 주인이나 그 동물을 데리고 다니는 사람이 개를 잘 보살폈다면 책임지지 않아도 되지만, 줄을 풀어 두는 등 함부로 두었다면 동물의 주인이 손해를 물어내야 해요.

개가 길이나 공원 등 여러 사람이 모이거나 다니는 곳에서 함부로 똥을 눴는데 치우지 않는다면 경범죄로 벌금(과료)을 물 수 있어요. 개를 데리고 산책할 때에는 만약의 경우를 대비해서 대변 봉투를 챙기는 것 잊지 말아야겠죠?

2% 부족한 꼬마 법률가 오민재

현관을 나설 때부터 민재는 어쩐지 기분이 좋지 않았다.
'오늘은 꼭 좋지 않은 일이 생길 것만 같군!'
민재는 '어린이가 알아야할 법률 상식 100가지'라는 책을 손에 꼭 쥐고 있었다.

작년에 처음 읽게 된 이 책 덕분에 민재는 법률 상식 100가지를 줄줄 꿰게 되었고, 학교에서 꼬마 법률가라고 불리기 시작했다. 민재는 그 별명이 무척 마음에 들었다. 그래서 장래 희망을 의사에서 법률가로 바꾸었으며 생활 속에서도 정의로운 대한민국을 만들기 위해 앞장섰다.

하지만 문제는 민재의 법률 상식이 딱 100가지뿐이라는 것이었다. 책에 나오지 않은 상식은 민재도 잘 몰랐지만 친구들의 기대를 저버리지 않기 위해 곧잘 이렇게 저렇게 둘러대곤 했다.

민재는 찝찝한 기분을 뒤로 한 채, 학교를 향해 부지런히 발걸음을 옮겼다.

'쿵쿵.'

그때 골목길에서 어디선가 매캐한 담배 냄새가 났다. 냄새가 나는 쪽으로 눈길을 돌리자 한 아저씨가 담배꽁초를 길바닥에 내던지고 있는 것이었다.

"이봐요, 아저씨!"

"날 부르는 거냐, 꼬마야?"

"그렇습니다. 아저씨를 부른 거예요. 아저씨가 지금 어떤 행동을 하셨는지 아세요?"

"내… 내가 뭘?"

"아저씨는 지금 과태료 5만원에 해당하는 비양심적인 행위를 하신 거라고요!"

"아, 아니 내가 그런 일을 저질렀다고? 난 담배를 피운 것밖에 없는데?"

"바로 그게 문제입니다."

"뭐?"

"아저씨 발밑을 한 번 보시죠!"

아저씨는 의아한 표정으로 발밑을 내려다봤다. 거기엔 다 피우고 버린 작은 담배꽁초 하나가 떨어져 있을 뿐이었다.

"거기에 떨어져 있는 게 대체 뭡니까? 담배꽁초 아닙니까?"

"하! 난 또 뭐라고. 겨우 이것 때문이었냐, 꼬마야? 허허."

"겨우 그것 때문이라니요? 아저씨는 방금 엄연한 위법행위를 하신 거라고요!"

"조그만 게 아침부터 까불고 있어!"

아저씨는 민재의 이마에 꿀밤을 놓았다.

"왜 이러세요? 분명히 아저씨가 잘못하신 거잖아요?"

"아침부터 재수가 없으려니, 원!"

아저씨는 민재의 말은 들은 척도 않고 재빨리 어디론가 사라져 버렸다.

민재는 아저씨가 버린 꽁초를 주워 쓰레기통에 버리고는 다시 학교 쪽으로 발길을 옮겼다.

그때 한 아줌마가 또 민재의 눈에 들어왔다.

쓰레기를 종량제 봉투

1장 변기처럼 꽉 막힌 아침 31

가 아닌 비닐봉지에 담아 든 아줌마는 주위를 두리번거리더니 으슥한 골목길 구석에 봉지를 내려놓았다. 아줌마는 아침부터 선글라스를 끼고 마스크까지 하고 있었다.

"저기요! 아주머니!"

민재는 아주머니를 향해 외쳤다.

누군가 자기를 부르자 화들짝 놀란 아줌마는 상대가 꼬마인걸 알자 안도의 한숨을 내쉬었다.

"휴. 왜 불렀냐, 꼬마야?"

"방금 무슨 행동을 하신 겁니까?"

"쓰레기 버렸는데? 왜?"

"지금 쓰레기를 어디에 버리신 거냐고요. 게다가 쓰레기를 담은 봉투가 종량제 봉투가 아닌데요?"

"호호. 남의 일에 참견하지 마라. 이 아줌마 바쁘다."

아줌마는 민재를 밀치고 서둘러 가려고 했다. 민재는 아줌마의 앞을 가로막았다.

"어머, 애 좀 봐?"

"쓰레기를 무단투기하면 최소 5만 원에서 20만 원까지의 과태료를 내야 합니다. 당장 도로 가져가세요."

"꼬마 주제에 건방지게. 네가 뭐 경찰서장 아들이라도 되니?"

"그렇다면 어쩔 건데요?"

민재는 당연히 경찰서장 아들이 아니었지만 너무 당당한 아줌마의 태도가 얄미워 거짓말을 했다. 그러자 갑자기 아줌마의 얼굴에 공포가 서렸다. 그제야 주춤거리면서 비실비실 웃기 시작했다.

"어머. 그러니? 정말 미안하다. 이 아줌마가 장난 한 번 쳐 본 거야. 호호. 저 쓰레기 잠깐 저기에 둔 거야. 봐. 이 아줌마가 다시 가져가잖니. 호호."

아줌마가 쓰레기를 들고 사라진 뒤, 민재는 시계를 봤다.

'어이쿠! 오늘도 정의로운 대한민국을 만드는 데 앞장서다 보니 지각을 하게 생겼군그래. 서둘러야겠어!'

발걸음을 서두르던 민재의 눈에 또 다시 한 아저씨가 들어왔다.

"퉤!"

아저씨는 바닥에 침을 뱉고 있었다.

"퉤!"

그것도 두 번씩이나!

민재의 눈이 휘둥그레졌다. 학교에 늦을지도 모르지만 그냥 지나칠 수가 없었다.

"저기요, 아저씨!"

"응? 왜 그러냐?"

"방금 무슨 행동을 하신 겁니까?"

"아, 방금 이 아저씨가 침 뱉은 거 말하는 거냐? 목에 가래가 껴서 어쩔 수 없이……."

"어쩔 수 없이, 어쩔 수 없이! 나 하나인데 뭐 어때! 그런 자세가 대한민국을 멍들게 하는 겁니다. 방금 아저씨가 한 길바닥에 침을 뱉는 행동은 과태료 5만 원에 해당하는 엄연한 위법행위라고요!"

"허허. 미안하다. 미안해. 다신 안 그러마."

"정말이시죠?"

"다신 안 그런다니까. 정말 실수였어."

"이크! 진짜 지각이네. 그럼 전 이만 가보겠습니다."

민재는 서둘러 학교를 향해 뛰기 시작했다.

졸지에 민재에게 호통을 당한 아저씨는 주머니에서 손수건을 꺼내 이마의 땀을 닦았다.

"휴. 경찰서장 체면에 아침부터 망신을 당했군. 하지만 저런 아이가 있으니 우리나라의 미래는 밝겠어. 암 그렇고말고!"

학교로 열심히 뛰어가던 민재는 문구점 앞에서 발길을 멈췄다.

'맞다. 오늘 준비물이 있었지?'

서둘러 문구점으로 들어간 민재는 지점토 하나를 골랐다.

'우돌이와 철구는 틀림없이 준비물을 잊어버렸을 게 분명해. 세 개를 사가야겠어.'

"아저씨! 이 지점토 세 개 주세요. 얼마에요?"

"1500원이다."

민재는 주머니에서 2000원을 꺼내 드렸다. 문구점 주인아저씨는 텔레비전에 빠져서 보지도 않고 거스름돈으로 동전 다섯 개를 민재 손에 떨어뜨렸다. 그런데 백 원짜리 다섯 개가 아닌 오백 원짜리 다섯 개였다.

민재는 고민할 것도 없이 외쳤다.

"아저씨! 거스름돈 잘못 주셨어요!"

"어이쿠. 그랬니? 착한 어린이구나."

"당연한 건데요, 뭘! 과다한 거스름돈을 잘못 받아놓고, 이를 눈치 챘으면서도 부당하게 이익을 취하는 것은 엄연히 사기죄에 속한다고요."

놀란 문구점 주인아저씨의 토끼 눈을 뒤로하고 문구점에서 나온 민재의 눈에 바닥에 떨어진 오천 원짜리 지폐 한 장이 들어왔다.

"어? 돈이네? 누가 떨어뜨렸나?"

하지만 주위엔 아무도 없었다.

"주인을 찾아서 돌려주어야지."

아침의 예상과는 다르게 오늘은 민재에게 보람으로 가득 찬 시작이었다.

'아. 뿌듯해! 정말 즐거운 하루의 시작이야. 룰루랄라.'

민재는 콧노래까지 흥얼거리면서 삼거리로 향했다.

거스름돈을 더 받았으니 오늘은 운수 좋은 날?

혹시 문구점에서 지우개나 연필을 사고 거스름돈을 더 받았는데도 주인아저씨에게 알리지 않고 가진 적이 있나요? 그런 적이 있다면 지금이라도 주인아저씨에게 돌려 드려야 해요. 만약 거스름돈을 받을 때 돈을 더 받는 것을 알면서도 모른 척하고 받았다면 사기죄가 될 수도 있어요. 거스름돈을 받을 때는 거스름돈을 더 받는 것을 몰랐는데 나중에 문구점을 나와서 더 받는 것을 알고도 돌려 주지 않았다면 점유이탈물횡령죄에 해당할 수 있기 때문이죠.

"우돌아!"

"오 민재야, 좋은 아침!"

"철구도 안녕?"

"그… 그래. 반가워!"

삼거리 길이 만나는 지점에서 삼총사가 마주쳤다. 우돌과 민재, 그리고 철구는 성격은 완전히 다르지만 둘도 없는, 아닌 셋도 없는 단짝들이었다.

"민재야, 웬 오천 원이야?"

"아까 문구점 앞에서 주웠어. 주인 찾아 줄 거야."

"주인을 어떻게 찾아줘? 돈에 이름이 쓰여 있는 것도 아닌데."

"그… 그래 맞아……."

"떡볶이나 사 먹자. 응?"

우돌이는 민재의 오천 원을 낚아채려고 잽싸게 손을 뻗었다.

"으앗. 안 돼. 주운 돈을 내 마음대로 쓰게 되면……."

"쓰게 되면?"

민재는 기억이 안 나는지 얼른 '어린이가 알아야 할 법률 상식 100가지'라는 책을 뒤지기 시작했다.

"오! 찾았다. 주운 돈을 주인에게 돌려주지 않고 내 마음대로 쓰게 되면 말이야."

"어… 어?"

그때 철구가 무언가를 향해 손짓을 하며 당황한 목소리로 어버버거리기 시작했다.

우돌이와 민재가 철구가 손짓하는 방향을 향해 고개를 돌렸을 때, 세 사람은 동시에 눈사람처럼 그 자리에 꽁꽁 얼어붙고 말았다.

커다란 승용차 한 대가 세 사람을 향해 어마어마한 속도로 돌진해 오고 있는 것이었다.

"으악!"

"으아악!"

"으아아악!"

법으로 나라를 다스려요

예전에는 왕이나 권력을 가진 사람이 자기 뜻대로 나라를 다스렸어요. 하지만 오늘날에는 나라를 다스릴 때 정당한 법에 따라서 다스려야 해요. 이것을 법치국가 원리라고 하지요. 자유나 권리를 제한하거나 의무를 부과할 때는 국민들의 대표들이 모인 의회가 만든 법률로 해야 해요. 또 그 법의 내용은 자유와 평등, 정의를 실현하기 위한 것이어야 한답니다. 즉 법률의 목적과 내용이 국민들을 위한 것이어야 한답니다.

악법도 법이다?

과거에는 악법이라도 법이기만 하면 무조건 따라야 했답니다. 사람들은 나쁜 법이라도 지키느라 많은 고통을 받았어요. 하지만 오늘날은 법이면 무조건 옳은 것이 아니라 그 내용이 옳은 법이어야 한다는 생각이 널리 퍼졌어요. 법의 내용은 국민들을 위한 것이어야 한다는 것이죠. 예를 들어 도둑질을 해야 한다는 법이 있다면 어떨까요? 이런 법을 어기고 정직하게 산다면 처벌을 받게 될까요? 법이 법으로서 정당성을 가지지 못했기 때문에 이것은 법이 아니에요. 따라서 이런 법을 지켜야할 의무는 없답니다.

기본권을 보장해요

그렇다면 법은 어떤 내용을 담고 있어야 할까요? 법은 국민들을 보호하고 지킬 수 있도록 자유와 평등 그리고 정의의 이념을 실현할 수 있어야 한답니다. 우리의 최고법인 헌법에서는 사람들의 '기본권'을 보장하고 있어요.

자유와 평등, 정의의 이념을 위해서지요.

권력은 나누어요

법이란 우리 생활 구석구석에서 여러 기능을 하고 있어요. 법이 미치지 않는 영역은 거의 없다고도 할 수 있죠. 그런데 만약 이런 강력한 힘을 가진 법이 한 사람에 의해 좌우된다면 어떻게 될까요? 실제로 과거에는 왕들은 자신이 법을 만들고 법을 집행했지요. 그 결과 왕의 말 한마디에 사람들을 죽이기도 했지요. 오늘날에는 이런 일을 막기 위해 법을 만드는 사람과 법을 집행하는 사람을 나누게 되었답니다. 이것을 권력 분립제라고 해요.

법에 관련된 기관들을 알아 보아요

입법부

권력 분립제에서 법을 만드는 곳을 입법부라고 합니다. 어린이 여러분은 아직 투표를 할 수 없지요? 19살이 되면 투표를 할 수 있는데, 선거를 통해 국민들의 뜻을 대변할 사람을 뽑아요. 이렇게 모인 국회의원들이 국회에서 법을 만든답니다.

행정부

법을 만드는 사람이 있다면 그 법을 집행하는 사람이 필요하겠죠? 그러한 역할을 하는 기관을 행정부라고 합니다. 대통령은 행

정부에서 제일 높은 사람이에요. 나라의 중요한 정책들을 심의하는 장관도 행정부에 속하는 사람들이에요. 행정부는 나라를 다스리는 기관이지요.

사법부

법을 만드는 입법부와 법을 집행하는 행정부가 있다면 법을 해석하는 기관으로는 사법부가 있어요. 법원에서는 사람들 사이에 다툼이나 분쟁이 생기면 법에 따라 누가 옳고 그른지 재판을 해 준답니다. 헌법 재판소에서는 국민의 기본권에 대한 문제나 국가기관 사이에 분쟁이 생겼을 때 그 다툼을 해결해 주지요.

헌법은 나라의 최고 법이에요

헌법이란?

헌법이란 나라의 최고 법으로 국가의 이념이나 사람들이 나아갈 목표를 제시하는 법이에요. 헌법은 최고 법이기 때문에 다른 법들은 헌법에 쓰여 있는 내용과 달라서는 안 돼요. 법을 해석하고 적용할 때에도, 헌법에 맞도록 해야 한답니다.

헌법의 내용
기본권 보장

모든 인간은 인간으로서 가져야 할 권리가 있어요. 세계 1, 2차 대전을 거치면서 인간의 존엄성이 훼손되는 일이 많아졌지요. 그래서 등장한 것이 기본권이에요. 기본권에는 자유권, 평등권, 인간의 존엄과 가치를 보호받을 권리, 행복추구권 등이 있답니다.

자유권이란 국가에 대하여 인간의 기본적인 자유를 보장받을 수 있는 권리예요. 사람의 신체를 함부로 구속당하지 않을 자유, 행동을 자유롭게 할 수 있는 자유, 종교 활동을 자유롭게 할 수 있는 자유 등이 있어요.

평등권이란 국가가 어떤 정책을 실시할 때 같은 사람을 다르게 대우하지 말아야 한다는 것을 의미한답니다. 또 인간의 존엄과 가치를 지키기 위해 국가가 노력해야 하고 이를 위해서 사람들에게는 자신이 원하는 것을 할 수 있는 행복추구권이 인정된답니다.

나라를 구성하는 원리

헌법에는 나라를 어떻게 구성해야하는지에 대해서도 쓰여 있어요. 우리나라 헌법은 앞에서 살펴본 권력 분립 이외에도 대의제, 대통령제, 정당 제도 등을 담고 있어요.

대의제란 나라의 주인인 국민들이 모두가 모여서 법을 의논할 수는 없기 때문에 대표자를 뽑아서 우리를 대신해 나라의 의사를 결정하게 하는 것을 말해요. 국회의원 선거는 대의제의 원리에 따라서 이루어지는 대표적인 선거지요.

우리나라는 나라의 대표인 대통령을 뽑지만 대통령 없이 의원내각제나 의회정부제를 갖고 있는 나라들도 있지요. 대통령제는 나라를 다스리는 대표자인 대통령을 중심으로 집행부를 구성하는 제도예요.

정당이란 국민들의 뜻을 모아 정확하게 전달하기 위해서 만들어진 정치 단체예요. 국민들의 의사를 모아 나라의 의사로서 반영하는 역할을 하지요.

학교는 엉터리야!

과속 했다고 사형? 설마!

"으악!"

세 사람의 비명이 삼거리에 울려 퍼졌다.

"끼이이이익!"

동시에 차가 끽 소리를 내면서 멈춰 섰다. 삼총사와 불과 20센티미터 정도의 거리였다.

"휴!"

삼총사가 동시에 안도의 한숨을 내쉬었다. 그리곤 서로가 무사한지 구석구석 살폈다. 다행히 세 사람 모두 다친 곳은 없었다.

"지금 우리 죽을 뻔 한 거 맞지?"

"저 아저씨가 정말!"

민재가 운전자 아저씨를 향해 흥분하며 소리를 질러댔다.

"아저씨! 나와 보세요! 저희가 죽을 뻔 했습니다. 아저씨는 지금 어떤 위법행위를 하신 거냐면,"

민재는 다급하게 '어린이가 알아야 할 법률 상식 100가지'를 뒤적이기 시작했다. 그때 민재보다 더 빨리 운전석 창문을 두들긴 사람이 있었다. 경찰 아저씨였다.

"스쿨존에서는 규정 속도로 달려야 하는 거 모릅니까? 범칙금을 물도록 하겠습니다."

"우아! 경찰 아저씨다!"

"아저씨! 저희가 치일 뻔 했는데요, 저 아저씨 감옥 가는 거죠?"

"규정 속도 위반으로는 감옥에 가진 않는단다."

"에이, 그런 게 어디 있어요?"

"나쁜 짓을 했으면 감옥에 가는 거 아니에요?"

"스쿨존은 학교 주출입로에서 반경 300m이내인데 아침 8시부터 밤 8시까지 30킬로로 속도를 제한하고 있지. 만약 속도가 40킬로를 넘어가면 12만 원의 범칙금을 내야 한단다."

"에이. 겨우 12만 원이요? 저희가 죽을 뻔 했는데요?"

그런데 경찰 아저씨가 아무리 운전석 창문을 두들겨도 운전자 아저씨는 나올 생각을 안 하는 거였다.

자세히 보니 운전자 아저씨 얼굴이 시뻘겠다.

"빨리 나오십시오. 아무래도 음주 측정을 해야겠군요."

그제야 운전자 아저씨가 엉거주춤 차 밖으로 나오는데 얼굴이 새빨갛고 몸을 제대로 가누질 못해 비틀거렸다.

"지가요, 술을 마신 게 아니고요, 몸이 쪼금 아파가지고예, 병원에 가는 길이었다 이 말씀입니더. 딸꾹."

"윽! 술 냄새!"

삼총사가 동시에 코를 막았다.

"예. 알겠습니다. 이 측정기에 입을 대고 후 불어 주십시오."

"지가요, 딸꾹! 빨리 병원에 가야 한다카지 않았습니꺼. 몸이 아파가지고예."

"음주 측정을 거부하시면 안됩니다."

"나참. 딸꾹! 경찰관이 융통성이 이래 없어서야. 딸꾹! 우선 이것 좀 받고 얘기하십시더."

양복 주머니를 한참 뒤적이던 아저씨는 지갑을 찾아 지폐 몇 장을 꺼냈다.

"지금 뭐하시는 겁니까? 경찰관에게 뇌물을 주면 어떻게 되는지 모르십니까? 어서 측정기나 부세요."

아저씨는 할 수 없이 측정기에 입을 대고 후, 불었다.

측정기의 수치를 본 경찰 아저씨의 눈이 휘둥그레졌다.

"이거 면허 취소 수준의 음주상태군요. 함께 경찰서로 가셔야겠습니다."

"그게 아니고예, 지가 속상한 일이 있어서예. 딸꾹. 딸꾹."

경찰 아저씨는 운전자 아저씨를 경찰차의 뒷좌석에 태웠다.

"민재야. 이제 저 아저씨는 어떻게 되는 거야?"

"저… 정말 어떻게 되는 거야?"

"음…… 저 아저씨는 여러 가지 위법행위를 했어. 규정 속도 위반에, 사람을 칠 뻔 했고 게다가 음주운전까지! 그러니까 저 아저씨는……!"

"저 아저씨는?"

"저… 저 아저씨는?"

민재가 우물쭈물하더니 갑자기 확신에 찬 목소리로 말했다.

"최소 사형이야!"

"뭐? 사형?"

죄와 형벌은 법에 정해진 대로!

죄형 법정주의는 어떤 행동이 범죄이고 범죄를 저지르면 어떤 형벌을 받는지 미리 법률로 정해 두어야 한다는 뜻이에요. 미리 정해 두지 않는다면 그때그때 아무렇게나 법에 정해져 있지 않은 죄를 만들어 사람을 처벌하게 되겠지요. 또 잘잘못에 맞는 형벌이 정해져 있어야 해요. 친구들이 서로 싸웠다거나 횡단보도를 무단으로 건넌다고 마구 사형을 시켜서는 안 되겠죠? 그래서 형벌에는 사형뿐만 아니라 징역이나 금고, 벌금 등이 다양하게 규정되어 있어요.

"부… 불쌍해……."

"경찰 아저씨! 이제 저 아저씨는 과속에 음주운전까지 했으니 사형이 맞죠? 그렇죠?"

그러자 경찰 아저씨가 껄껄 웃기 시작했다.

"여러 죄를 지었다고 무조건 사형인 건 아니란다. 음주운전을 하게 되면 혈중알콜수치에 따라 운전면허 정지나 취소 처분을 받게 되고, 2년 이하의 징역이나 1000만 원 이하의 벌금형을 받게 된단다."

"에이. 오민재도 틀릴 때가 있네?"

우돌이가 혀를 날름거리면서 약을 올려댔다.

"시… 실망이다."

민재의 얼굴이 시뻘게졌다.

"흥. 원숭이도 나무에서 떨어질 때가 있고, 물고기도 물에 빠져 죽을 수 있는 거다, 뭐!"

"너희들 아까 많이 놀랐지? 앞으로도 차 조심하렴. 아저씨는 이만 가 보마. 곧 수업 시작할 것 같은데 빨리 들어가 보렴!"

경찰 아저씨가 경찰차에 올라타려고 하자 우돌이가 갑자기 아저씨의 팔을 붙잡고 늘어지기 시작했다.

"경찰 아저씨! 저 경찰차 한 번만 태워 주시면 안 돼요? 네?"

"허허. 이 아저씨 바쁘다. 빨리 경찰서로 가야 해."

"그럼 증인 안 필요하세요? 제가 경찰서 가서 증인할게요. 저 경찰차 한 번 타보는 게 소원이란 말이에요."

"허허. 녀석도 참. 그건 곤란해."

"아저씨이. 잉잉. 제발요. 딱 한 번 만요."

난리 법석을 떠는 우돌이를 보고 있던 철구와 민재는 서로 마주 보고 한숨을 쉬더니, 우돌이의 양 팔을 붙잡았다.

"이거 놔! 나 경찰차 탈 거야. 탈 거란 말이야!"

"휴. 경찰 아저씨. 죄송해요. 얘는 저희가 맡을게요."

우돌이를 질질 끌고 겨우 교실에 들어왔을 땐 이미 등교 시간이 30분이나 지나 있었다. 삼총사는 또 다시 머리끝까지 화가 난 선생님의 얼굴을 마주했다.

"너희 셋! 또 지각이야? 당장 복도에 나가서 손들고 서 있어!"

"선생님! 오늘은 진짜 이유가 있었어요."

"네. 맞아요. 저기 삼거리에서요, 술 취한 운전자가요."

"저희를 향해 마구 돌진했는데요, 그때 마침 경찰 아저씨가……."

"너희들 이제 거짓말까지 하니?"

"진짜거든요! 억울해요."

"빨리 나가서 손들고 서 있어!"

길에도 법이 있다

길 위에서도 지켜야 할 법이 있답니다. 도로교통법이 대표적이지요. 빠른 속도로 달리는 차가 다니는 도로에는 여러 가지 위험한 일들이 일어나기 쉬워요. 그래서 이런 법률을 만들어 두었지요. 운전자들은 교통 법규를 준수하고 제한 속도를 지키며 안전거리를 확보해야 하고, 보행자들은 길 가장자리를 이용하여 걸어다녀야 한답니다. 도로를 건널 때는 횡단보도를 이용하고 무단횡단을 하지 않도록 규정하는 것도 도로교통법이랍니다. 도로교통법만이 아니라 사람을 죽거나 다치게 한 경우에는 형법이나 특정범죄가중처벌에 관한 법률로 처벌받을 수도 있어요. 여러 사람을 위해 꼭 지켜야 하는 법이지요.

내 잘못이 곧 부모님의 잘못?

삼총사는 복도에 나란히 무릎을 꿇고 앉았다. 양팔도 천장을 향해 번쩍 들었다. 하지만 세 명 다 입이 잔뜩 나와 있었다.

"우리가 뭐 지각하고 싶어서 지각했냐. 진짜 억울해."

우돌이는 끊임없이 툴툴거렸다.

"그… 그러게 말이야. 근데 애들이 우릴 비웃는 것 같아. 부… 부끄러워."

철구는 벌게진 얼굴을 제대로 들지도 못했다.

"앞뒤 사정 보지 않고 이렇게 학생을 체벌하는 건 헌법에 걸린다고!"

민재는 확신에 찬 목소리로 말했다.

"정말 그게 헌법에 적혀 있어?"

우돌이가 정말이냐고 묻자 민재는 당황했다.

"그…그럼 당연하지!"

"헌법 몇 조 몇 항?"

"그…그건……. 책이 교실에 있는데."

"쳇."

그때 선생님이 복도로 나오셨다.

"너희들 조용히 못하니? 반성하면서 벌을 서야지, 누가 그렇게 수다 떨어도 된다고 했니?"

"저희는 정말 억울해요!"

세 명이 동시에 말했다.

"뭐가 그렇게 억울한데? 그럼 너희들 며칠 전에 벌레 잡아서 여자 친구들 가방에 넣어 놓았던 일도 억울해?"

"그건……."

"커닝하다가 이름까지 똑같이 베껴 썼던 일도 억울해?"

"그… 그건."

"체육 시간에 여자 친구들 옷 갈아입는 거 몰래 훔쳐보려고 했던 것도 억울하고?"

삼총사는 고개를 푹 숙였다.

"너희들은 왜 그렇게 억울한 게 많니? 안 되겠어. 내일도 또 지각하면 그땐 부모님 모시고 오라고 할 거야."

"그건 안 돼요!"

"너희들이 이렇게 말썽을 부리면 다른 수가 없잖니?"

우돌이가 대답했다.

"저희는 이제 다 컸어요. 부모님은 부모님이고 저는 저라고요. 왜 제 잘못에 부모님을 부르시나요?"

"맞아요. 부모님이 잘못한 것도 아닌데요."

"오호. 다 컸다는 거니?"

"네. 저희는 독립적인 인격체라고요. 그래서 부모님은 모시고 올 수 없어요."

"그럼 내일 지각을 안 하면 되겠네. 그렇지? 팔 더 똑바로 들어!"

선생님이 다시 교실로 들어가시자 우돌이가 또 툴툴거리기 시작했다.

"난 이제 다 컸는데 왜 걸핏하면 부모님을 모시고 오라는 거야? 우리 엄마는 나 아침밥도 안 차려준다구."

"어? 우리 엄마도."

"우리 엄마도!"

철구와 민재도 맞장구를 쳤다.

"이제 우리도 4학년이니까 스스로 할 수 있는데 말이야. 걸핏하면 부모님을 모시고 오라는 건 자존심 상하는 일이야."

"그래. 내가 뭐 초등학교 1학년도 아니고!"

그때 우돌이의 눈에 교실 창문 너머로 수업을 듣는 샛별이 옆 모습이 보였다.

샛별이는 인기 연예인이 되는 것이 꿈인 여자 아이인데 반에서 공부도 가장 잘 했다. 우돌이 눈엔 샛별이가 반에서 가장 예뻐 보였다. 샛별이가 창문 밖으로 힐끔 눈을 돌렸다. 그러다 우돌이와 눈이 마주치자 도도하게 재빨리 고개를 돌려버리는 거다.

'예쁜 샛별이가 보고 있는데 벌을 서고 있으니 약간 부끄럽네. 헤헤.'

우돌이의 눈에는 그렇게 새침한 샛별이의 모습조차 예뻐 보였다. 우돌이는 자기도 모르게 머리를 긁적이며 헤벌레 웃었다.

내 잘못인데 부모님을 모시고 오라고?

부모님은 자녀들의 잘못에 대하여 법적 책임을 부담하게 된답니다. 일반적으로 13살 이하인 아이들이 잘못을 하여 다른 사람에게 피해를 주게 되었다면 부모님은 자식들 잘못에 대하여 책임을 져야 해요. 학교에 계신 선생님들도 교육에 관한 사항에 한하여 책임을 부담하지만, 어머니나 아버지는 여러분의 모든 부분에 대하여 관리와 감독을 할 때 최선을 다해야 할 의무가 있답니다.

나도 결혼을 할 수 있을까?

사회 시간.

"오늘의 수업 주제는 가족이에요."

선생님은 칠판에 '가족'이라고 썼다.

"모두들 가정이라는 울타리 안에 살고 있지요? 가족은 부부와 자식으로 구성됩니다. 그 가정은 부모님이 결혼을 통해서 이룬 것이에요. 누구나 성인이 되면 결혼을 할 수 있지만 결혼이 성립되려면 반드시 혼인신고를 해야 됩니다. 이걸 '법률혼주의'라고 하지요. 거기 손 든 민재 얘기해 보렴?"

"혹시 한꺼번에 두 사람이랑 결혼할 수 있어요? 헤헤."

"그건 안 돼요. 왜냐하면 우리나라에서는 일부일처제만 허용하고 있기 때문이에요. 일부일처제란 한 남자는 한 여자하고만 결혼할 수 있다는 뜻이지요."

그때 우돌이가 갑자기 손을 넙죽 들었다.

"질문 있니? 강우돌?"

"네!"

반 아이들이 모두 '강우돌이 어쩐 일이야?' 하는 표정으로 우돌이를 쳐다보았다.

"선생님! 어린이도 결혼할 수 있어요?"

그러자 반 아이들이 다 같이 푸하하 웃기 시작했다.

"어린이도 결혼할 수 있느냐고?"

"네! 정말 중요한 문제거든요."

그러면서 우돌이는 고개를 돌려 샛별이를 보았다. 우돌이는 어린이도 결혼을 할 수 있다면 당장이라도 샛별이에게 무릎을 꿇고 청혼을 할 생각이었다.

'어른이 될 때까지 어떻게 기다려? 난 하루라도 빨리 샛별이와 결혼하고 싶단 말이야.'

우돌이는 샛별이와 눈이 마주치자 얼굴이 빨개져서 씩 웃어 보였다.

"흥!"

하지만 샛별이는 황당하다는 듯 우돌이를 째려보는 게 아닌가?

괜히 멋쩍어진 우돌이는 뒷통수를 긁어 댔다.

"어린이는 결혼할 수 없어요. 법적으로 만 18세가 되어야 혼인을 할 수 있거든요. 만 18세가 넘어도 성년이 되는 만 19세 전에는 부모님의 동의가 있어야 혼인할 수 있답니다."

"에이……."

18살이 되어야 결혼할 수 있다는 말에 우돌이의 가슴이 무너져 내렸다.

우돌이는 수업 시간 내내 샛별이와 지금 당장 결혼을 할 수 있다면 얼마나 좋을까, 상상했다. 엄마, 아빠의 잔소리 없이 둘이서만 예쁜 집에서 사는 거다. 그리고 아침마다 샛별이가 맛있는 아침밥을 차려 주고…….

'앗. 그러면 막힌 변기는 누가 뚫지?'

그건 좀 고민되는 문제였다.

쉬는 시간이 되자 반 아이들이 샛별이 주변으로 구름같이 몰려들었다.

"나도 볼래!"

"나도 보여 줘, 샛별아!"

"한 번만 보자. 응?"

모두들 샛별이가 휴대폰에 다운 받아 온 요즘 최고 인기 드라마 '내 사랑 별빛 소녀'를 보려는 것이었다. '내 사랑 별빛 소녀'엔 국민 여동생이라고 불리는 '이슬비'가 주인공으로 나왔는데 엄청 예뻤다. 샛별이도 그 드라마에 엑스트라로 잠깐 나왔다고 했다.

"나도 몇 년 뒤면 이슬비 언니처럼 될 거야. 너희들 모르지? 내가 다니는 연기 학원에 이슬비 언니도 다녔다는 거!"

"우아. 정말?"

"너도 이슬비처럼 유명해지는 거야?"

우돌이도 얼른 샛별이한테 다가갔다. 물론 우돌이가 관심이 있는 건 '내 사랑 별빛 소녀'의 이슬비가 아니라 샛별이었다.

하지만 그때 샛별이가 우돌이를 향해 날카롭게 쏘아붙였다.

"강우돌! 넌 안 보여 줄 거야!"

"왜?"

"맨날 지각만 하는 말썽꾸러기 주제에. 흥!"

그 모습을 지켜보던 민재가 우돌이를 거들고 나섰다.

"네가 뭔데 우리 우돌이한테 그러는 거냐? 너 그거 불법 다운로드 받은 드라마지?"

"부… 불법 아니거든?"

"불법 다운로드 받으면 저작권법에 걸려서 감옥 가야 하거든? 내가 경찰 아저씨한테 신고할 거야! 철구야. 아까 만나서 엄청 친해진 그 경찰 아저씨 전화번호가 뭐였지?"

"응? 아까 만났던 경찰 아저씨? 전화번호 안 받았……."

"왜, 아까 경찰 아저씨가 불법적인 일을 보면 신고하라면서 전화번호 가르쳐줬잖아."

"응? 그게 무…무슨 소리야. 그 아저씨가 대체 언제……."

민재가 눈치 좀 채라는 듯 눈을 찡긋하면서 철구의 옆구리를 쿡쿡 찔렀다.

"아… 아얏! 민재 너… 왜 나 찌르고 그래?"

"으이그! 이철구 아무튼 눈치 하고는! 어쨌든 나샛별 너 불법 다운로드 받은 거 내가 신고 안 하는 걸 다행으로 알아라!"

"치. 앞으로 안 보면 될 거 아냐!"

샛별이는 얼굴이 빨개져서 얼른 휴대폰을 꺼 버렸다. 아이들이 김샜다는 듯이 제자리로 뿔뿔이 흩어졌.

민재가 대신해서 샛별이에게 복수를 해 주긴 했지만 우돌이는 생각할수록 분했다.

'치. 내가 뭐 자기한테 결혼이라도 하자고 했나? 나도 너랑 결혼하기 싫거든!'

우돌이는 그새 샛별이와 결혼하고 싶다고 생각했던 일을 까맣게 잊고는 씩씩거렸다.

'치. 나만 드라마 안 보여 주고. 나보고 지각만 하는 말썽쟁이라고? 흥. 자기는 뭐가 그렇게 잘났다고?'

씩씩거리던 우돌이는 선생님에게 들키지 않게 조심조심 휴대폰을 꺼냈다. 그리곤 샛별이에게 문자를 보내기 시작했다.

'이 못생긴 호박 메주 덩어리야! 너 방귀쟁이지? 공주병 나샛별.'

'전송'을 누를까 말까 고민하는데 선생님의 호통이 우돌이의 귓가를 때렸다.

"강우돌! 너 지금 책상 밑으로 휴대폰 만지작거리는 거 다 보인다."

우돌이는 깜짝 놀라 자기도 모르게 '전송'을 눌러 버리고 말았다.

"아……아니에요!"

그리곤 얼른 휴대폰을 주머니에 넣어버렸다.

슬그머니 뒤를 돌아보니 샛별이가 휴대폰을 꺼내고 있었다. 우돌이의 문자를 보고는 얼굴이 새빨개져서 그 자리에 얼굴을 파묻고 엎드려 버렸다.

'에이. 괜히 보냈나?'

샛별이를 보고 있자니 우돌이의 마음이 편치 않았다.

그런데 일은 쉬는 시간에 벌어졌다.

종이 울리자마자 샛별이가 벌떡 일어나더니 교탁 앞으로 나가는 거였다. 그리고 우돌이가 보낸 문자 메시지를 선생님에게 보여 드리면서 뭐라뭐라 말하는 게 보였다.

'이크! 설마 선생님께 이르는 건 아니겠지?'

설마가 사람 잡는다고, 곧바로 선생님의 매서운 눈초리가 우돌이를 향해 꽂혔다.

"강우돌! 너 이리 나와 봐!"

모든 아이들의 시선이 우돌이에게 집중됐다. 우돌이의 이마와 등에 식은땀이 송골송골 맺혔다.

쭈뼛쭈뼛 앞으로 나가자 선생님이 우돌이에게 샛별이의 핸드폰을 내밀었다.

'이 못생긴 호박 메주 덩어리야! 너 방귀쟁이지? 공주병 나샛별.'

"이거 우돌이 네가 보낸 문자 맞지? 소리 내서 한 번 읽어 봐!"

"이 호… 호… 박… 메주… 덩… 덩어리야."

우돌이가 소리내어 읽자 반 아이들이 푸하하 웃음을 터뜨렸다.

"이런 문자 왜 샛별이에게 보냈니? 응?"

"샛별이가 저만 드라마를 못 보게 하잖아요."

"그렇다고 이런 문자를 보내? 이런 문자를 바로 악성 문자라고 하는 거야. 친구한테 이런 문자를 보내서 되겠니? 빨리 사과하렴. 이 말썽꾸러기야!"

우돌이는 쥐구멍에라도 숨고 싶은 마음으로 샛별이에게 손을 내밀었다.

"미… 미안해."

"흥!"

자리로 돌아오자 민재가 우돌이의 어깨를 툭 치며 말했다.

"악성 문자를 보내면 모욕죄라고."

"뭐? 목욕죄? 너 지금 불난 집에 부채질 하냐?"

"아니야. 큭큭. 난 네 편이라고. 아무리 악성 문자를 받았다고 해도 어떻게 쪼르르 선생님한테 가서 이르냐."

"그… 그러게 말이야. 샛별이 못됐다."

민재가 잠시 생각하는 듯 하더니 말했다.

"강우돌, 너 복수하고 싶어? 악성 문자보다 확실한 방법이 하나 있는데."

"그런 방법이 있어?"

"그… 그게 뭔데?"

소심한 철구도 관심을 보였다.

"다음 시간이 컴퓨터 시간이지? 훗. 우선 컴퓨터실에 가서 이야기 하자."

초등학생도 결혼할 수 있나요?

남자와 여자가 서로 만나 결혼을 하는 것은 주위에 미치는 영향이 큰 만큼 많은 책임과 의무가 뒤따르지요. 그래서 우리나라는 법률로 혼인을 정해 두지요. 혼인 신고를 해야만 법적인 부부로 인정받을 수 있어요. 부부와 똑같이 결혼 생활을 하고 있지만 혼인 신고를 하지 않은 관계를 '사실혼'이라고 해요. 민법에서는 남자와 여자가 모두 만 18세 이상이 되어야만 결혼을 할 수 있다고 규정하고 있어요. 만 18세가 넘는다 하더라도 성년자(만 19세)가 아니라면 결혼을 하기 위해서는 부모님의 동의를 받아야 한답니다.

가족에 대한 법

가족 관계는 우리 사회를 이루는 가장 작은 구성 부분이지요. 이런 관계도 법에 규정되어 있다는 사실을 알고 있나요? 가족 관계는 사람들의 삶에 많은 영향을 미치기에 민법에서 규정하고 있답니다. 남자와 여자의 결혼과 부모와 자식의 관계, 또 사람이 죽고 나서 재산을 상속하는 등의 관계를 규율하는 법을 가족법이라고 합니다.

가족법

혼인 (민법 제812조)

우리 법에서는 남자와 여자가 모두 만 18세 이상이 되어야만 결혼을 할 수 있다고 규정하고 있어요. 그리고 만 18세가 넘는다 하더라도 성년자(만 19세)가 아니면 결혼을 하기 위해 부모님의 동의를 받아야 한답니다. 또 가까운 친척과는 혼인할 수 없고, 한 번에 한 사람과 결혼해야 해요. 한 번 결혼한 뒤에 다시 다른 사람과 결혼하려면 이혼이라는 절차를 밟아야 한답니다.

이혼 (민법 제840조)

한 번 혼인한 부부가 서로 헤어지려면 이혼이라는 절차를 거쳐야 해요. 부부가 서로 합의하여 이루어지는 협의이혼과 법원에서 이혼을 인정해 주는 재판상이혼으로 나누어진답니다.

친권 (민법 제909조)

부모는 자식에 대해서 여러 가지 권리와 의무를 갖고 있어요. 이런 권리를 친권이라고 하는데 친권은 부모님이 공동으로 행사하는 것이 원칙이에요. 부모님이 자식들을 보호하고 자식들을 징계하는 것도 친권에 포함된답니다. 자식이 계약을 체결할 때나, 아르바이트를 할 때 부모님의 동의를 얻는 것도 친권으로서 인정되는 것이지요.

입양 (민법 제866조)

결혼을 하고 자식을 낳으면 가족이 되지요. 그렇지 않고도 가족이 되는 방법이 입양이에요. 혈연관계가 아닌 사람들 사이에 법률적으로 부모, 자식 관계를 맺는 것이지요. 이때 자식이 되는 사람을 양자라고 하고 부모가 되는 사람을 양부모라고 하죠.

상속법

상속 (민법 제1000조)

사람이 죽고 나면 남긴 재산과 빚이 있겠죠? 누가 그 재산을 상속받을 수 있는지, 받게 된다면 얼마만큼 받을 수 있는지를 규정하고 있는 것을 상속법이라고 합니다. 상속법에 따르지 않고 자신의 자식이나 다른 사람들에게 유언을 남겨 재산을 물려줄 수도 있답니다. 이때 상속을 받는 사람을 상속인, 사망해 상속을 해 주는 사람을 피상속인이라고 하죠. 제1순위의 상속인은 피상속인의 자식이고 제2순위의 상속인은 피상속인의 어머니와 아버지에요. 배우자는 제1순위 상속인이나 제2순위 상속인과 같은 순서랍니다. 상속을 받을 때는 순서가 정해졌다면 그 순서대로 균등하게 재산을 물려받아요. 하지만 배우자는 다른 사람들보다 50%를 더 받는답니다.

1순위	직계비속과 배우자	항상 상속인이 됨
2순위	직계존속과 배우자	직계존속은 직계비속이 없는 경우에만 상속인이 됨
3순위	형제자매	1, 2순위가 없는 경우에만 상속인이 됨
4순위	4촌 이내의 방계혈족	1, 2, 3순위가 없는 경우에만 상속인이 됨

빚도 상속될까?

빚은 법률용어로 채무라고 한답니다. 상속이란 피상속인의 모든 법률관계를 물려받는 것이기 때문에 이러한 채무도 상속이 돼요. 채무도 재산처럼 위의 상속 순서와 상속 비율에 따라 상속된답니다. 만약 물려받는 재산보다 빚이 더 많은 경우 어떻게 해야 할까요? 물려받은 재산의 범위 내에서만 빚을 갚겠다고 할 수도 있고, 아예 상속을 받지 않겠다고 하는 것도 가능해요.

최근 바뀐 가족법 내용

　최근 가족법의 일부가 바뀌었어요. 그중 가장 중요한 부분이 호주제도의 폐지입니다. 호주제란 호주라는 사람을 중심으로 가족을 만드는 것인데, 여러 가지 불합리한 점이 나타났어요. 그래서 호주제가 폐지되고 각자가 각자의 가족을 이루게 되었어요. 또 이혼 제도도 약간 달라져서 어린아이가 있는 경우에는 이혼을 하기 전에 이혼에 대해서 더 생각해보는 '이혼숙려기간'을 갖고 누가 아이를 돌볼 것인지 '친권자 결정'을 하도록 하였습니다. 이렇게 법은 사회 모습에 맞게 끝없이 달라져 간답니다.

공짜
게임기

익명이면 괜찮다고?

삼총사는 일부러 컴퓨터실의 맨 뒷자리에 나란히 앉았다.
"컴퓨터실에서 어떻게 샛별이한테 복수할 수 있다는 거야?"
"훗. 너희들 익명성이 뭔지 알아?"
"익…… 익명성?"
"그래. 이름이 드러나지 않는다는 뜻이야. 익명성의 특징을 가지고 있는 대표적인 공간이 바로 인터넷이지. 훗."
"그럼 설마 인터넷에……?"
민재의 콩떡 같은 말을 찰떡 같이 알아들은 우돌이는 씩 웃었다.
"무… 무슨 소리야. 나도 좀 알아듣게 얘기해 봐."
철구가 머리를 긁적였다.
"으이그. 그러니까 인터넷에서는 아무리 욕을 써도 우리가 쓴 건지 아무도 알 수 없다는 뜻이야. 누가 쓴 건지 모른다면, 당연히 처벌할 수도 없지!"

"역시 민재 넌 천재야!"

우돌이는 민재의 어깨를 토닥였다.

"그… 그럼 안 돼. 그건 나쁜 짓이야."

철구는 아무래도 겁이 나는 모양이었다.

"걸릴 염려가 없다니까? 우리가 쓴 건지 누가 알겠어? 우리 이름으로 안 쓰면 그만인데!"

"정말 그… 그럴까?"

"그렇다니까?"

삼총사는 당장 학교 홈페이지에 접속했다. 학교 홈페이지에는 각 반마다의 게시판이 따로 있었다. 세 사람은 곧바로 4학년 5반 게시판으로 들어갔다.

우돌이는 침을 한 번 꼴깍 삼킨 뒤, 글쓰기를 눌렀다. 그리곤 '글쓴이 이름'에 아무렇게나 '감자깡'이라는 닉네임을 썼다.

4학년 5반 나샛별은 못생긴 주제에 잘난 체만 한다. 훗.

나중에 연예인이 될 거라고?

자다가 코딱지 파는 소리 하고 있네! 네가 연예인이 되면 나는 대통령이 될 거다. 우하하하.

그리고 얼마 전에 내가 봤는데 나샛별은 쉬는 시간이면 몰래 교실 뒤에서 방귀를 뽕뽕 뀌어 댄다.

나샛별은 방귀쟁이다!

쓰면서 우돌이는 속이 뻥 뚫리는 것 같이 통쾌한 마음이 들었다.
"크크. 이거 재밌는데?"
'올리기'를 누르고 나니 슬쩍 겁도 났지만 익명으로 올린 거라 아무도 모를 거란 생각에 기분이 좋아졌다.
"너희들도 빨리 올려!"
"응. 크크."
"저… 정말 괜찮은 거지?"
민재와 철구도 신나게 샛별이를 험담하는 글을 올렸다.
컴퓨터 시간이 끝나갈 무렵, 컴퓨터실이 소란스러워지기 시작했다.
"얘들아! 이것 좀 봐."
"뭐뭐?"
"우리 반 게시판에 샛별이에 대한 글이 올라왔어."
"진짜?"
아이들이 바로 게시판에 접속하기 시작했다. 글을 읽은 아이들이 여기저기서 킥킥거리기 시작했고 샛별이는 얼굴이 시뻘게져서 결국 울음을 터뜨렸다.

"누가 올린거야? 대체 누가 올린 거냐고! 빨리 나와!"

샛별이의 단짝인 나연이가 소리쳤다. 하지만 삼총사는 기지개를 켜며 딴청만 부렸다.

"니들이 한 짓이지?"

나연이가 삼총사를 가리키며 쏘아붙였다.

"아니거든?"

"니들 아니면 누가 이런 짓을 하겠어?"

"우리가 했다는 증거 있어? 없잖아?"

그때 잠깐 교무실에 다녀오신 선생님이 컴퓨터실로 들어오셨다.

"무슨 일이니?"

"우리 반 홈페이지에 샛별이를 욕하는 글이 올라왔어요."

"뭐? 그게 정말이니?"

선생님은 게시판의 글을 확인해 보시더니 잠자코 반 아이들에게 교실로 돌아가 있으라고 했다. 컴퓨터실에서 교실로 돌아온 삼총사는 여전히 싱글벙글이었다.

"이건 완전범죄야. 큭큭."

"범죄 드라마에서 이런 걸 심증은 있는데 물증은 없다고 하지. 우리가 범인 같아도 증거가 없는데 어떻게 하시겠어? 헤헤."

"나… 난… 좀 걱정돼."

그때 선생님이 교실에 들어오셨다.

교탁 위에 선 선생님은 한숨을 한 번 내쉬더니 이렇게 말씀하시는 거다.

"대체 언제쯤 철들래? 응?"

아이들이 무슨 소린가 하고 눈을 끔벅거렸다.

"강우돌! 오민재! 이철구! 너희들 얘기하는 거다. 응? 당장 앞으로 나와!"

삼총사의 얼굴이 새파랗게 질렸다.

'어? 이상하다. 우리가 쓴 거 어떻게 아셨지?'

삼총사는 결국 복도에서 한 시간 내내 벌을 받았다. 교실과 화장실 청소까지 해야 했다.

"선생님! 저희가 한 것 아니에요."

청소를 다 하고난 뒤, 후들거리는 팔을 주무르며 우돌이가 울상인 표정으로 말했다.

"너희가 아니라고? 컴퓨터마다 고유의 아이피라는 게 있어. 너희들의 집에 각각의 집 주소가 있듯이 컴퓨터에도 주소가 있는 거야. 글의 아이피를 확인해보니 너희 셋이 앉은 컴퓨터 세 개의 아이피와 일치하더라?"

우돌이와 철구가 민재를 잔뜩 째려보았다.

"강우돌, 오민재, 이철구라는 실명을 쓰지 않는다고 해서 완전한 익명성이 보장되는 것은 아니야. 알겠니? 그러니 인터넷에서도 바르고 고운 말을 써야 돼."

"이상하다. '어린이가 알아야 할 법률 상식 100가지'에는 그런 거 안 나와 있는데……."

민재는 애꿎은 머리만 자꾸 긁적였다.

우리에게는 표현의 자유가 있어요!

　모든 사람에게는 기본권으로서의 자유권이 있어요. 자유권은 원하는 직업을 가질 자유, 사상과 양심의 자유 등 여러 가지 자유를 포함하는 권리예요. 그 중에서도 특히 인터넷과 같은 전파 매체의 발달로 사람들이 자신의 생각을 자유롭게 이야기하고 전달할 수 있는 '표현의 자유'가 매우 중요한 기본권이 되었지요. 하지만 이런 표현의 자유도 다른 사람의 권리를 해하지 않는 범위 내에서 인정되는 것이랍니다. 다른 친구들에게 나쁜 욕을 하거나 인터넷 상의 다른 사람들에게 나쁜 말을 하게 된다면 이것은 표현의 자유에 의하여 보호받을 수 없어요. 여러분의 기본권인 표현의 자유가 중요하듯이 다른 사람의 기본권도 존중받아야 하기 때문이에요. 그렇기 때문에 삼총사들이 학교 홈페이지에 접속해서 다른 사람에게 나쁜 말을 한 것은 표현의 자유로 보호받을 수 없답니다.

게임기를 공짜로 준다고?

"우씨. 오민재 너 때문에 벌 받고 청소했잖아."

"이게 왜 나 때문이냐? 널 위해 샛별이에게 복수하려다 보니 그렇게 된 거지!"

"그… 그만 싸워."

하루 종일 벌만 선 삼총사는 서로 의가 상할 대로 상했다.

인터넷에 악성 글을 올린 것 때문에 교실과 화장실 대청소를 한 세 사람은 찌뿌드드한 몸을 질질 끌고 교문을 빠져나왔다.

그때였다.

"너희들, 혹시 게임 좋아하니?"

한 아저씨가 삼총사에게 말을 걸어왔다. 양복을 말끔하게 차려입은 한 눈에 봐도 인상이 좋아 보이는 아저씨였다.

"그럼요!"

"저 게임 엄청 잘해요!"

"하하. 그렇구나. 마침 잘됐다. 이 아저씨는 게임기 회사에서 일하는데, 이번에 신상품이 나왔어요. 그런데 아이들이 과연 이 게임을 좋아할지 궁금해서 이렇게 학교 앞까지 오게 되었단다."

아저씨는 커다란 가방에서 게임기 하나를 꺼냈다.

"바로 이 게임이란다. 어떠니? 좋아 보이지?"

"우와!"

삼총사가 동시에 게임기에 달려들었다.

"이런 거 하나 있으면 소원이 없겠다. 힝."

"진짜 좋다. 이런 게임기도 못 가져보고 난 너무 억울해!"

"나… 나두."

그러자 아저씨가 웃기 시작했다.

"껄껄. 이 게임기 써 보고 싶니?"

"네!"

"음……. 좋다. 그럼 너희들에게 하나씩 공짜로 주마."

"그… 그게 정말이에요?"

"우리 게임기 회사에서는 홍보를 위해서 '테스터'들에게 물건을 써 볼 기회를 주거든. 어린이들이 신상품을 좋아하는 모습을 보니 이 아저씨도 무척이나 뿌듯하구나. 너희들에게 이 아저씨가 선물로 주마."

우돌이의 눈에 감동의 눈물이 핑 돌았다.

"그게 정말이지요?"

오늘 아침에 괴상하고 더러운 꿈을 꾼 것, 변기가 막힌 것, 차에 치일 뻔한 것, 지각해서 벌을 선 것, 샛별이에게 복수하려다 망신당한 것 등등 이 모든 나쁜 일들은 이런 커다란 행운을 위한 것이었구나!

우돌이는 너무 기뻐서 하늘로 날아오를 것 같았다.

"훗. 아저씨 사기꾼이죠?"

그때 쨍그랑, 접시 깨지는 소리처럼 들려온 민재의 한 마디.

"너, 그게 무슨 소리냐?"

"우리 같은 어린이들에게 왜 게임기를 공짜로 주신다는 거예요? 아저씨, 사기꾼 맞죠?"

"날 사기꾼으로 보다니 정말 억울하구나. 너희들이 받기 싫다면 그만두렴. 난 너희들이 게임기를 보고 순수하게 좋아하는 모습이 너무 좋아서……. 어차피 홍보용이기도 하고. 하지만 갖고 싶지 않다면 그만둬라."

아저씨는 졸지에 사기꾼으로 몰려서 몹시 난감하고 속상한 표정이었다.

"야! 오민재! 네가 뭔데 착한 아저씨한테 사기꾼이래?"

"그… 그래. 오민재 너 너무해."

철구의 손엔 절대로 놓지 않겠다는 듯 게임기가 꽉 쥐어져 있었다.

"이 아저씨는 그만 가볼테니 그 게임기 그만 돌려주렴."

아저씨는 철구 손에 쥐어진 게임기를 그만 달라고 손짓했다. 다

급해진 철구가 민재에게 소리쳤다.

"너 빨리 아저씨한테 사과해! 얼른!"

철구가 말을 버벅거리지 않고 이렇게 똑부러지게 한 건 난생 처음이었다.

"제가 대신 사과할게요. 게임기 그냥 저희 주세요. 네?"

"아저씨, 죄송해요."

졸지에 사기꾼으로 몰린 나머지 무척 속상해하는 아저씨의 모습을 보자 민재도 그제야 오해를 풀고 사과를 했다.

"너희들이 그렇게까지 말하니, 이 아저씨 마음도 풀어지는구나. 좋다. 너희들에게 이 신상품 게임기를 홍보용으로 줄게. 대신 이 종이에 이름과 전화번호, 주소만 좀 적어 줄래?"

아저씨는 무언가 깨알같이 잔뜩 쓰인 종이 한 장씩을 내밀었다.

"네! 아저씨!"

우돌이는 신나게 이름과 전화번호, 주소를 아저씨가 적으라는 칸에 적어 넣었다.

"잘했다. 그럼 여기 게임기. 이제 너희들 것이야."

"우아!"

우돌이는 게임기를 꽉 안았다.

'나에게 이런 행운이 생기다니! 으하하.'

미성년자도 계약을 맺을 수 있을까?

　사람으로 태어나면 누구나 인간으로서 권리를 갖게 돼요. 그렇지만 바로 법률적인 행동을 할 수 있는 능력이 생기는 것은 아니에요. 그래서 미성년자인 어린이들은 혼자서 계약을 맺을 수 없고 부모님의 동의가 있을 때 계약을 체결할 수 있어요. 만약 부모님의 동의 없이 여러분이 혼자서 계약을 체결하게 된다면 부모님이나 계약을 맺은 여러분이 그 계약을 취소할 수 있지요. 미성년자를 보호하기 위한 규정이에요. 하지만 만약 부모님의 동의가 있는 것처럼 거짓말을 해서 계약을 체결하면 취소할 수 있는 권리가 사라진다는 것을 알아 두어야겠지요?

홈쇼핑에서 산 물건이 반품이 안 된다고?

우돌이는 룰루랄라 콧노래를 부르면서 집으로 돌아왔다.

'엄마, 아빠가 퇴근하면 공짜 게임기가 생겼다고 자랑해야지!'

그런데 뜻밖에 집에 엄마가 있는 거다.

"엄마! 오늘 퇴근 일찍 했어요?"

"그래. 오늘 일이 빨리 끝났어. 우리 우돌이 저녁에 맛있는 거 해 줄게."

"우와! 신난다!"

오늘은 정말 행운의 연속이구나. 우돌이는 자신이 불행하다고 말했던 아침 일 따위는 금세 까먹었다.

엄마는 며칠 전에 텔레비전 홈쇼핑에서 산 운동 기구를 다시 포장하고 있었다. 하루 30분 씩만 하면 뱃살이 빠지고 근육질 몸매가 된다고 광고를 한 '뱃살안녕'이라는 제품이었다. 아빠가 어찌나 사 달라고 조르는지 엄마가 결국 결제를 해 주긴 했지만 막상 배달이 오자 아빠는 언제 그랬냐는 듯 거들떠도 보지 않았던 거다.

"그거 반품하려고요?"

"응. 너희 아빠가 갑자기 살을 빼겠다고 해서 충동적으로 산건데 아무래도 쓸 생각도 없는 것 같고 너무 비싼 것 같아서 말이지."

엄마는 수화기를 들고 홈쇼핑 고객센터에 전화를 걸었다. 몇 번 수화 음이 울리더니 친절한 상담사가 전화를 받았다.

"안녕하십니까, 고객님? 반값홈쇼핑입니다. 무엇을 도와드릴까요?"

"네. 며칠 전에 산 운동기구를 반품하려고 하는데요."

"고객님 성함이 어떻게 되시죠? 네. '뱃살안녕'이라는 운동기구를 구매하셨나요? 운동기구에 문제가 있으신가요?"

"아니요."

"그럼 무엇 때문에 반품을 하려고 하시나요? 고객님?"

"아무래도 너무 충동적으로 구매를 한 것 같아서요. 필요가 없게 됐어요."

"죄송합니다만, 고객님. 단지 마음이 바뀌신 거라면 반품은 불가능할 것 같습니다."

"네? 반품이 불가능하다니요?"

"운동 기구에 문제가 있는 것이라면 반품이 가능

부글 부글

하지만 단순한 고객 변심은 반품할 수 없습니다. 고객님."

"뜯어 봤을 뿐이에요. 사용하지도 않았어요!"

"'지난 방송에서만 파격가로 판매하는 것이기 때문에, 반품이 불가능하다고 몇 번이나 말씀드렸을 텐데요. 고객님."

"그 고객님 소리 좀 그만 할 수 없어요? 그리고 전 그런 말 못 들었는데요?"

"죄송합니다. 고객님. 못 들으신 건 고객님 잘못입니다, 고객님."

"지금 누구 놀려요? 그 고객님 소리……. 아무튼 그게 중요한 게 아니고 빨리 반품 처리 해주시죠."

"안됩니다, 고객님. 좋은 하루되세요."

툭, 하고 전화가 끊겼다.

"뭐야? 그냥 끊어 버리잖아? 그리고 뭐? 좋은 하루 되라고? 누굴 놀리나. 아니 30만 원이나 되는 운동 기구를 반품할 수 없다는 게 말이 돼?"

엄마는 화가 머리끝까지 났다.

다시 수화기를 들었다.

하지만 더 이상 고객센터는 전화를 받지 않았다.

"이거 어떡해. 방송 중에 반품 불가라고 몇 번이나 얘기를 했다니? 난 전혀 못 들었는데?"

엄마는 안절부절 못하면서 계속해서 전화를 걸었다.

우돌이는 엄마의 기분이 점점 안 좋아지는 것 같아 불안해졌다.

'괜히 나한테 불똥이 튀는 건 아니겠지?'

엄마는 기분이 좋지 않을 때면 꼭 우돌이에게 잔소리를 했기 때문이다. 지난번에도 옆집 아줌마와 다투고서 우돌이에게 마구 화풀이를 했다.

'엄마 기분을 어떻게 풀어 드리지? 옳지. 나한테 오늘 공짜 게임기가 생긴 걸 알면 엄마도 좋아하실 거야. 엄마는 공짜라면 뭐든 좋아하니까!'

우돌이는 가방에서 슬그머니 게임기를 꺼냈다.

'이번 어린이날에 게임기를 사주신댔는데, 공짜로 생겼다고 하면 더 좋아하시겠지? 헤헤.'

그때 거실에 켜 놓은 텔레비전에서 귀가 번뜩 뜨이는 뉴스가 흘러나오기 시작했다.

요즘 초등학교 앞에서 게임기를 공짜로 준다며 어린이들을 현혹하는 사기꾼들이 기승을 부리고 있습니다. 처음엔 공짜처럼 보이지만 결국 수십만 원을 물어야 한다고 합니다.

피해 어린이 1 나똘똘(10세) : "전 정말 공짜인 줄 알았어요."
피해 어린이 2 강일등(11세) : "아, 오늘 정말 행복한 날이구나, 그렇게만 생각했죠. 사기일 거라곤 생각도 못했어요."

순진한 초등학생을 울리는 신종 게임기 사기! 경찰의 대대적인 단속이 필요한 실정입니다. MBS 박대기 기자였습니다.

'뭐?'

뉴스를 보던 우돌이의 얼굴이 하얗게 질렸다.

'게임기를 공짜로 주는 게 사기라고?'

엄마가 인터뷰를 하는 초등학생을 보더니 한심한 표정으로 말했다.

"저런 것에 속아 넘어가는 초등학생이 있다니……. 기가 막히네. 우리 우돌이는 똘똘하니까 그런 일 없겠지?"

"으… 으응."

우돌이는 다급히 게임기를 등 뒤로 숨겼다.

3장 공짜 게임기 **83**

'그럼 내가 받은 게임기도 사기인가? 아니지. 그 아저씨는 정말 착한 사람처럼 보였다고.'

하지만 엄마에게 게임기를 보여줄 순 없었다. 우돌이는 급히 제 방으로 돌아와 가방에 게임기를 도로 집어넣었다.

"엄마! 나 잠깐 민재랑 철구 좀 만나고 올게요."

엄마는 고객센터에 전화를 하느라 우돌이가 나가는 것에도 관심이 없는 듯 했다.

"어이쿠. 드디어 연결됐네! 저기요. 반품이 안 된다니 그게 무슨 소리에요? 당장 환불해 줘요! 뭐라고요? 위약금 10만원을 물어야 한다고요? 아니 대체 왜요? 당장 반품해 달라고요!"

우돌이는 정신없이 학교로 뛰었다.

'아저씨를 만나면 정말 사기냐고 물어봐야지! 그럴 리 없겠지만, 정말 사기라면 게임기를 돌려주면 그만이야. 헥헥.'

숨이 턱밑까지 차오를 때까지 우돌이는 뛰었다. 교문 앞에 도착했을 때, 그곳엔 민재와 철구도 있었다.

모두들 뉴스를 보았는지 얼굴이 새파랗게 질려 있었다.

"어떡해. 그 아저씨가 사기꾼인지도 모른대!"

"우… 우리 엄마가… 게임기를 보더니 당장 돌려주고 오라면서 혼냈어."

"진정해. 그 아저씨 아직 근처에 있을 거야. 얼른 흩어져서 찾아 보자."

민재의 말에 우돌이와 철구가 재빨리 주변을 훑었다. 아니나 다를까, 철구가 먼저 소리쳤다.

"어! 저… 저기! 게임기 아저씨다!"
"어디? 어디?"

물건을 산 후 7일 이내라면 반품할 수 있어요

여러분 중에 물건을 사고 나서 마음에 들지 않아 반품하고 싶었던 적이 있었나요? 아니면 반품을 해주지 않아 속상했던 적이 있었나요? 물론 물건을 사기 전에 충분히 심사숙고해서 필요한 물건을 골라야 하겠지만 어쩔 수 없이 물건을 반품 해야만 하는 경우가 있기 마련이에요. 우리 법에서는 이런 경우를 대비해서 물건을 사고 난 후에 7일 이내라면 산 물건을 반환할 수 있는 기간을 정해 놓고 있어요. 물건을 판 사람들이 별도로 규칙을 만들어서 반품을 거절할 수 없답니다. 소비자를 보호하기 위한 법이 판매자들이 만든 조건보다 더 우선하기 때문이지요.

계약이 성립되려면?

계약이 성립되기 위해서는 계약을 맺고 싶다는 의사와 승낙한다는 의사가 서로 일치해야 해요. 예를 들자면 여러분이 지우개를 사려고 하는 경우 문구사 아저씨에게 물건을 달라고 이야기하는 것은 청약이라고 할 수 있고, 아저씨께서 돈을 받고 물건을 내주는 것은 승낙이라고 할 수 있습니다.

계약을 지키지 않으면?

계약을 체결하였다면 계약을 지켜야 합니다. 만약 계약을 이행하지 않는다면 손해가 발행하게 되고 이러한 손해는 계약을 지키지 않은 사람이 배상하여야 한답니다. 계약이 체결되었는데 일부러 또는 실수로 해야 할 의무를 하지 않은 경우에는 손해를 배상해야 하지요.

계약의 무효와 취소

계약이 무효가 되는 경우

그런데 계약이 무효가 되거나 취소되는 경우도 있어요. 계약이 무효가 되는 경우는 계약에 큰 문제점이 있는 경우입니다. 사려고 계약한 물건이 원래 없었던 것이라면 그 계약은 무효가 되지요. 계약 자체가 지나치게 불공평한 경우에도 그 계약은 무효가 됩니다. 예를 들면 문구사 아저씨와 지우개를 일억 원에 사기로 계약을 체결한 경우입니다. 이러한 계약은 우리 민법에서 그 계약 자체를 무효라 규정하고 있답니다.

또 무효가 되는 계약으로는 계약이 사회의 도덕에 어긋나는 경우가 있습니다. 나쁜 행동을 하기로 하는 계약 등은 원래 무효가 되는 것이지요.

계약을 취소할 수 있는 경우

계약을 취소할 수 있는 경우는 계약이 무효가 되는 경우보다 그 문제점이 비교적 작은 경우입니다.

거짓말과 협박으로 계약을 체결한 경우에 그 계약을 취소할 수 있습니다. 문구사 아저씨가 친구들에게 지우개의 가격을 속이거나 물건을 팔 때 협박을 하였다면, 계약이 아저씨의 거짓말이나 협박으로 인해 체결되었다며 계약을 취소할 수 있습니다. 물건이나 가격을 잘못 알고 계약을 체결한 경우에도 그 계약을 취소할 수 있지요.

미성년자가 부모님 동의 없이 계약을 체결한 경우에 그 계약을 취소할 수 있다는 것을 앞에서 배웠지요. 부모님뿐만 아니라 미성년자도 계약을 취소할 수 있답니다. 우리 법에서 어린 친구들을 보호하기 위해 특별히 인정하고 있는 권리예요.

초등학생은 돈을 못 번다고?

하늘이 두 쪽 나도 취소가 안 된다고?

철구가 가리킨 방향을 보니 정말 아까 그 아저씨가 슈퍼에서 나오는 모습이 보였다. 세 사람은 당장 아저씨한테 뛰어갔다.
"아저씨! 게임기 돌려 드릴게요!"
세 사람은 다짜고짜 아저씨에게 달려들어 이렇게 말했다.
"너희들이 누군데?"
"저희잖아요!"
하지만 아저씨는 삼총사를 전혀 처음 본다는 표정이었다. 게다가 아까의 사람 좋은 웃음은 어디가고 차갑게 아이들을 내려다보고 있었다.
"저희들 기억 안 나세요? 아까 교문 앞에서 아저씨가 저희에게 게임기 주셨잖아요."

"아, 그랬나? 그런데 무슨 일이야?"

"게임기 돌려드릴게요."

세 사람은 각자의 게임기를 아저씨에게 내밀었다.

"게임기를 돌려주다니?"

"저희 이제 이거 필요 없어요. 다시 드릴게요."

"하하하."

그러자 갑자기 아저씨가 배가 끊어질 듯 웃어 대기 시작하는 거다.

"아이고, 배야. 아이고. 하하하. 그게 지금 말이 된다고 생각하니?"

"이거 안 돌려드리면 저희 엄마한테 엄청 혼나요."

"아까 내가 너희들에게 준 계약서 못 봤니?"

"계약서요? 무슨 계약이요?"

아저씨는 자신의 가방에서 아까 세 사람이 이름과 전화번호, 주소를 적은 종이 세 장을 꺼냈다.

"이거 아까 너희들이 작성한 계약서잖아? 자. 여기를 보렴."

아저씨가 가리킨 줄에는 코딱지만 한 글씨로 이렇게 쓰여 있었다.

이 계약은 무슨 일이 있어도, 절대로 취소할 수 없음. 하늘이 두 쪽 나도 취소 불가임.

세 사람의 눈이 휘둥그레졌다.

"취소할 수 없다고요?"

"절대로?"

"하… 하늘이 두 쪽이 나도요?"

"그렇다니까?"

아저씨가 기분 나쁘게 실실 웃었다.

"그럼 이건 사기 아닌 거죠?"

"사기? 사기라니? 절대 아니지."

"그… 그럼 이 게임기가 공짜가 맞다는 거죠?"

"공짜? 공짜지 그럼."

"휴."

세 사람은 안도의 한숨을 내쉬었다.

"지금 당장은 공짜야!"

"당장이라니요?"

"아까 계약서 못 봤니?"

아저씨는 다시 글자가 깨알같이 쓰인 종이의 중간 부분을 손가락으로 가리켰다.

이 게임기는 한 달 동안 공짜로 사용해 볼 수 있음. 두 번째 달부터 매달 7만 원씩 세 달간 납부해야 함.

"네? 이게 무슨 소리에요?"

"결국 이 게임기가 21만 원짜리란 소리잖아요?"

삼총사의 얼굴이 새파랗게 질렸다.

"껄껄. 어린이들이 똑똑하구나. 그럼 아저씨는 이만 간다."

"아저씨! 어디 가세요. 빨리 계약 취소해 줘요. 네?"

"아니면 사기꾼으로 경찰 아저씨한테 신고할 겁니다. 철구야. 아까 그 경찰 아저씨가 불법적인 일을 보았을 때 신고하라고 했지?"

"아니 대체 그 경찰 아저씨가 언제……."

이번엔 철구의 입을 우돌이가 급히 막았다.

"그랬었지. 아저씨! 우린 친한 경찰 아저씨도 있어요. 신고하기 전에 얼른 계약 취소해 주는 것이 좋을 거예요!"

하지만 아저씨는 눈 하나 꿈쩍하지 않았다.

"훗. 너희들이 법을 잘 모르나 본데, 여기 너희들이 분명 너희들 손으로 사인을 했잖니? 이거 너희들 글씨 맞지?"

삼총사는 고개를 끄덕일 수 밖에 없었다.

"그렇다면 계약이 성사가 된 거야. 계약서에 쓰여 있는 내용은 무슨 일이 있어도 지켜야 하는 거고. 그건 경찰 아저씨가 와도 어쩔 수 없는 일이란다. 신고하고 싶으면 신고하렴."

세 사람의 표정이 울상이 되었다.

아저씨가 자리를 떠나려고 하자 가장 먼저 아저씨의 바짓가랑이를 붙잡은 건 민재였다.

"아저씨! 저 엄마한테 쫓겨나요."

연이어 우돌이와 철구도 아저씨의 바지를 붙잡았다.

"제발 취소해 주세요. 네?"

"저희 돈 없단 말이에요. 엉엉."

아저씨는 난감한 표정을 짓더니 말했다.

"나도 취소해 주고 싶지만, 이게 법적으로 안 되는 일이에요. 한 번 계약서를 작성하면 그것으로 끝이란다. 이 아저씨도 정말 안타깝구나."

아저씨는 혀를 낼름하더니 곧 자동차를 타고 휭, 떠나 버렸다.

게임기 사기꾼의 계약서, 취소할 수 있다

미성년자가 다른 사람에게 사기를 당해서 계약을 체결하게 되면 취소할 수 있습니다. 부모님의 동의를 얻지 않고 계약을 체결한 경우에 행사할 수 있는 취소권과 상대방이 사기로 계약을 체결하여 그에 속아 계약을 체결한 경우에 행사할 수 있는 취소권 둘 다 해당하지요. 이러한 취소는 미성년자가 직접 할 수도 있고 부모님도 행사하실 수 있기 때문에 다른 사람에게 속아서 계약을 체결하게 된 경우 부모님께 빨리 알려야 한답니다.

초등학생은 돈을 벌 수 없다고?

"계약을 취소할 수 없다니……."
"나 집에 가면 정말 쫓겨날 거야."
"차라리 엄마, 아빠한테 들키기 전에 가출을 할까?"
"그…… 그건 안 돼. 우린 갈 데도 없잖아. 엉엉."
철구가 눈물을 짜기 시작했다.
평소 같으면 철구를 놀렸겠지만 우돌이도 어쩐지 눈물이 나올 것 같았다. 민재를 보니, 민재의 눈가도 벌게져 있었다.
"이제 우린 망했어."
"그러게 계약서를 자세히 읽어 봤어야지!"
"그게 계약서인 줄 알았나, 뭐."
그렇게 30분 쯤 멍하니 앉아있는데 갑자기 민재가 무릎을 탁 쳤다.

"좋은 생각이 있어!"

"그게 뭔데?"

"돈을 버는 거야! 다음 달부터 7만 원씩 세 달 동안 갚으면 된다고 했으니까 우리가 벌어서 갚는 거지. 부모님 몰래 말이야."

"아르바이트를 하자는 거야?"

"그래. 7만 원 정도라면 금방 벌 수 있을 거야."

"이야. 그거 좋은 생각이다."

우돌이와 민재의 얼굴에 화색이 돌았다.

"우… 우리가 어떻게 아르바이트를 해……."

"왜 못해? 우리도 다 컸는데!"

"그럼 뿔뿔이 흩어져서 아르바이트 자리를 찾아보도록 하자. 이 자리에서 30분 뒤에 만나. 알았지?"

"응!"

"나… 난……."

우돌이는 주저하는 철구의 등을 억지로 떠민 다음 큰길가로 나왔다.

'아르바이트 구하는 것쯤은 문제없지! 공부하는 것보다 돈 버는 일이 훨씬 쉬울걸?'

마침 '아르바이트생 구함'이라는 종이가 붙어 있는 가게가 보였다. 우돌이가 자주 가는 패스트푸드 점 유리문 앞이었다.

"히히. 여기서 일하면 햄버거도 실컷 먹을 수 있겠지?"

우돌이는 당장 유리문을 밀고 들어갔다.

"주문할 거니, 꼬마야?"

"아니요! 아르바이트생 구한다고 해서 왔어요."
"훗. 뭐라고?"
"아르바이트 하려고요. 지금 당장이라도 일할 수 있어요."
"꼬마야. 어린아이는 여기서 일할 수 없어."
"왜요?"
"왜긴 왜야. 다음에 햄버거나 먹으러 오렴."
"저 정말 시키는 일이라면 뭐든 잘 할 수 있어요!"
"얘가?"
우돌이는 거의 내쫓기듯 패스트푸드점에서 나왔다.

두 번째로 찾아간 편의점, 세 번째로 찾아간 책방에서도 우돌이는 비웃음만 실컷 당하고 쫓겨나야 했다.

'치……! 나도 일할 수 있는데 왜 안 된다는 거야?'

울상이 된 얼굴로 우돌이가 약속 장소로 갔다. 민재가 먼저 와 있었다.

"아르바이트 자리 구했어?"

"아니. 어린이는 안 된대. 그러고 보니 내 책에도 근로기준법이 나와 있어. 최소 15살부터 일할 수 있다는 거야."

"이제 우린 어떡하지?"

"휴. 그런데 철구는 왜 안 오는 걸까?"

"어디서 또 질질 짜고 있겠지, 뭐."

호랑이도 제 말하면 나타난다더니 멀리 철구가 두 사람을 향해 뛰어오는 것이 보였다. 그런데 놀랍게도 잔뜩 신이 난 표정에 발걸음도 새털처럼 가벼워 보였다. 철구가 뛰어오며 소리쳤다.

"구… 구했어! 아르바이트 자리!"

현명하게 돈을 벌자

친구들이 아르바이트를 하여 돈을 벌고 싶어도 만 15세가 되지 않았다면 아르바이트를 할 수가 없답니다. 부모님이 허락하더라도 만 15세가 되지 않으면 근로 계약을 체결할 수 없어요. 다만 고용노동부에서 허가를 받아서 일을 하는 것은 가능하답니다.

일을 하게 된 경우, 임금은 성년자와 마찬가지로 최저 임금을 받을 수가 있고, 일을 하다가 다친 경우라면 근로기준법이 적용되어서 보상을 받을 수도 있답니다. 또한 밤에 일을 하게 되는 경우라면 임금의 50%를 더 받을 수도 있어요. 어리다고 불이익을 받아서는 안 되겠죠? 알고 있는 만큼 힘이 된다는 것 잊지 마세요.

한 시간 일하면 얼마를 벌 수 있을까?

우돌이와 민재는 귀를 의심할 수밖에 없었다.

"뭐? 그게 정말이야?"

"우리 같은 초등학생도 일할 수 있대?"

"그……그렇다니까."

철구의 말에 반신반의하며 세 사람은 철구가 약속을 받아놨다는 곳으로 향했다. '꼬꼬치킨집'이었다.

군침 도는 고소한 치킨 냄새가 훅 풍기자 세 사람 다 배가 고파졌다. 셋은 침을 꼴깍 삼켰다. 하지만 지금은 돈 버는 일이 더 급했다. 정말로 치킨집 사장 아저씨가 세 사람을 기다리고 있었다.

"아저씨! 정말 저희 같은 어린이들도 아르바이트를 할 수 있어요?"

"그렇대도? 일도 별로 어렵지 않아."

"무슨 일인데요?"

"우리 가게 광고지를 아파트 현관문에 한 장씩 붙이는 홍보 일이야."

"우아. 엄청 쉽다."

"그 정도라면 문제없어요!"

"좋아. 그럼 한 사람당 500장씩은 할 수 있겠지?"

아저씨는 엄청나게 많은 양의 전단지를 세 사람에게 각각 나누어 주었다.

"넌 저기 길 건너 1단지 아파트, 넌 요 맞은편 2단지 아파트, 그리고 넌 가게 뒤편 3단지 아파트를 맡아라."

"네!"

"모두 붙인 뒤, 한 시간 후 다시 가게로 모이거라."

"네!"

우렁차게 대답한 세 사람은 신이 나서 꼬꼬치킨집을 빠져나온 뒤 뿔뿔이 흩어졌다.

"한 시간 뒤에 여기서 만나자. 안녕!"

우돌이는 2단지 아파트를 맡았다. 자그마치 6동이나 되는 대규모 아파트 단지였다.

'한 시간이니까, 한 동에 10분씩 하면 되겠군. 우선 101동부터 시작하면 되겠지?'

하지만 아파트는 동마다 주민

이 아니면 들어갈 수 없도록 비밀번호가 있는 유리 출입문으로 막혀 있었다.

"어? 어쩌지? 들어갈 수가 없네."

그때 출입문 주변을 어슬렁거리는 우돌이를 발견하곤 경비 아저씨가 나타났다.

"넌 우리 아파트 사는 애가 아니구나?"

"네. 이 치킨집 광고지 좀 붙이려고요. 문 좀 열어주세요. 헤헤."

"허허. 맹랑한 녀석이네. 어디서 감히 그런 광고물을 부착하겠단 거야? 무단으로 불법광고물을 부착하는 게 불법이라는 거 몰라? 광고물을 붙이고 싶으면 관리사무소나 부녀회에 가서 허락을 맡고 와!"

"지금 시간이 없어서 그래요. 얼른 문 좀 열어 주세요!"

"이 놈이! 내 말을 못 알아듣네? 광고지 붙이면 절대로 안 돼! 썩 꺼지지 못해?"

우돌이는 졸지에 혼쭐이 나자 눈물이 핑 돌았다.

"이것만 붙이면 돼요. 이 아파트 사는 사람들도 치킨은 먹을 것 아니에요. 그러려면 전화번호가 있어야 하는데, 전단지가 없으면 전화번호를 알 수 없잖아요. 붙이게 해 주세요. 네?"

"좋은 말 할 때 빨리 돌아가라!"

우돌이는 가는 척하면서 나무 뒤에 숨어 있다가 경비 아저씨가 사라지자 다시 아파트 앞으로 왔다. 그때 마침 한 주민이 아파트 안으로 들어가기 위해 비밀번호를 누르는 것이 보였다. 우돌이는 잽싸게 주민 뒤에 붙어서 아파트 안으로 들어갈 수 있었다.

'히히. 역시 난 똑똑하다니까?'

우돌이는 1층부터 광고지를 한 장 한 장 현관문 앞에 붙였다. 그리곤 계단으로 한 층 한 층 올라가면서 광고지를 붙였는데 19층까지 붙이고 나자 다리가 후들거리기 시작했다.

'에휴. 엘리베이터 타고 꼭대기 층부터 걸어 내려오면서 붙일걸. 다음 동부터는 그렇게 해야지!'

101동에 광고지를 전부 붙인 뒤 아파트를 빠져나오려는데 출입문 앞에 아까 그 경비 아저씨가 팔짱을 끼고 서 있었다.

"요 녀석! 어디 감히 몰래 아파트에 들어가? 입주민도 아니면서 아파트에 무단침입하면 주거침입죄라는 거 몰라? 하긴 모르니까 이런 짓을 했겠지. 오늘 너 좀 혼나 봐라."

아저씨는 우돌이의 한 쪽 귀를 붙잡았다.

"아얏! 이거 놔 주세요. 빨리요!"

"너 어느 학교 다니냐? 부모님 전화번호 대라. 응?"

"아파요! 빨리 놔 주세요!"

우돌이는 경비 아저씨가 전화기를 찾는 틈을 이용해 재빨리 도망을 쳤다.

"너 거기 서지 못해?"

경비 아저씨가 쫓아오지 못할 만큼 멀리까지 도망을 친 우돌이는 시계를 보고는 한숨을 푹 내쉬었다. 겨우 한 동밖에 붙이지 못했는데 벌써 한 시간이 지나 있었다.

'어떡하지? 다 붙이고 갈까? 그런데 동마다 경비 아저씨가 있을 텐데…….'

자신이 없었다. 우돌이는 일단 치킨집 앞으로 돌아왔다. 민재와 철구도 어느새 파랗게 질린 얼굴로 돌아와 있었다. 모두들 팔에는 광고지가 한가득 남아 있었다.

"너 다 못 붙였어?"

"응. 경비 아저씨한테 혼만 났어."

"나도…….'

삼총사는 힘없이 치킨집 문을 열었다.

"일 다 마쳤니? 어? 그게 다 뭐야?"

사장 아저씨는 삼총사의 손에 들린 아직 잔뜩 남은 광고지를 보곤 입을 다물지 못했다.

"한 시간 동안 다 못 붙였어? 쯧쯧. 이래서 초등학생은 쓰는 게 아닌데……."

"죄송해요……."

"됐다! 남은 광고지 저 쪽에 놓아두고 가거라."

"그래도 한 시간은 일했으니까 한 시간 일한 아르바이트 비용은 주시는 거죠?"

"뭐? 일도 다 못한 주제에 돈을 달라고? 하하. 요 녀석들 봐라."

"그럼 돈을 안 주시겠다고요?"

"일도 다 못 해놓고 돈을 받겠다는 심보가 고약하구나."

"솔직히 500장을 어떻게 한 시간 동안 다 붙여요?"

"쬐그만 것들이 말대꾸는! 썩 우리 가게에서 나가거라."

머리에 잔뜩 뿔이 난 민재가 가방에서 책을 꺼냈다.

"여기 '근로기준법'에 나와 있어요! 아르바이트생을 쓰고 나서 합당한 비용을 지불하지 않았을 경우엔 노동법에 저촉된다고 쓰여 있는데요?"

민재는 안경까지 치켜 올리며 당돌하게 말했다.

"게다가 아저씨는 15세가 안 된 미성년자에게 일을 시켰으니까 그것도 불법인거 아시죠?"

그제야 사장 아저씨가 주머니에서 지갑을 꺼냈다.

"나원참, 기가 막혀서! 내가 돈을 주고 말지. 어휴. 여기 아르바이트비다. 딱 한 시간씩 일했으니까 한 시간 일한 돈만 주겠다. 여기 받아라!"

하지만 아저씨가 내민 돈은 한 사람에 겨우 천 원이었다.

"천 원이요?"

"한 시간이나 일했는데 겨우 천 원 밖에 안 주세요?"

"여기 책에 보면 2012년 기준으로 최저 임금이 4580원이라고 나와 있는데요?"

"이거라도 받기 싫으면 말아!"

아저씨는 삼총사에게서 도로 천 원을 빼앗아가려고 했다.

"아… 아니에요!"

"이거라도 받자."

아무 힘도 없는 삼총사는 울며 겨자 먹기로 돈을 받아들고 나왔다.

한 시간 일하고 겨우 천 원이라니?

어린이도 만 15세 이상이거나, 고용노동부에서 인허가장을 받게 된다면 아르바이트를 할 수가 있어요. 일을 하면 미성년자나 성년자나 모두 법에 정해진 최저 임금을 받을 수가 있답니다. 만약 아르바이트를 시키는 아주머니나 아저씨가 최저 임금을 주지 않는다면 고용노동부 민원실에 신고하면 돼요. 최저 임금은 일하는 사람들의 최소한의 권익을 보호하기 위해서 나라에서 만든 법이랍니다. 만약 이를 어긴다면 벌금형을 받게 될 수도 있어요.

계약은 자유롭게 맺을 수 있어요

'계약 자유의 원칙'의 개념

법률에 위반되지 않는 한 사람들은 자유롭게 원하는 내용으로 계약을 체결할 수 있어요. 법률로 모든 것을 통제하지 않고 가능한 한 사람들의 의사를 존중하고자 등장한 원칙이라 할 수 있습니다. 이것을 민법에서는 '사적자치의 원칙'이라고도 합니다.

'계약 자유의 원칙'의 내용

'계약 자유의 원칙'의 내용에는 체결의 자유, 상대방 선택의 자유, 내용 결정의 자유가 있습니다. 우선 계약을 맺을지 맺지 않을지를 자유롭게 정할 수 있어요. 강제로 계약을 맺지 않고 계약을 맺을 때 다른 사람의 허락을 받을 필요가 없다는 것이지요. 바로 계약 체결의 자유가 있기 때문이에요. 하지만 미성년자처럼 다른 사람의 허락을 받아야 계약을 맺을 수 있는 경우도 있어요.

계약을 맺기로 했다면 어떤 사람과 계약을 할지도 마음대로 결정할 수 있지요. 많은 문구점 중에서 어느 문구점에서 지우개를 살지 자유롭게 선택할 수 있는 것처럼 말이에요. 또 어떤 물건을 얼마에 살지도 물건을 파는 사람과 의논해서 자유롭게 결정할 수 있어요. 상대방 선택의 자유와 내용 결정의 자유가 있기 때문이지요.

'계약 자유의 원칙'의 예외

계약을 자유롭게 맺는 것은 좋은 점도 있지만 모든 것을 그렇게 하면 많은 문제점이 발생할 수 있습니다. 계약을 체결하는 당사자 사이에 돈이나 힘의 불균형이 생긴다면 계약 내용이나 조건이 힘이 약한 쪽에 불리하게 결정될 수밖에 없기 때문입니다. 예를 들어 돈이 없어 직장을 구하는 사람을 이용하여 최저 임금도 주지 않고 일을 시키는 사람이 있을 수 있다는 것이지요. 그렇기 때문에 우리 법에서는 이러한 문제점을 막기 위해 계약 자유의 원칙에 예외를 두고 있어요. 앞에서 살펴본 반품에 대한 소비자의 권리 같은 것이지요. 노동법도 그런 원칙으로 만들어진 법이에요.

노동법

노동법의 근거

우리 헌법에서는 일하는 사람을 보호하고 사람들이 일을 하는 환경이 열악하지 않게 해야 한다고 규정하고 있답니다. 이것이 근거가 되어 노동법이 만들어졌어요. 노동법은 '계약 자유의 원칙'의 예외로서 사회적 약자인 근로자를 보호하기 위한 법이랍니다. 일하는 사람을 노동자 또는 근로자라 부르고 이렇게 사람을 고용하는 사람을 사용자라고 해요.

노동법의 기능

노동법에서는 사용자가 근로자에게 일을 시킬 수 있는 시간을 규정하고 있어서 근로자의 노동력을 착취하는 것을 막고 있습니다. 또한 앞서 우리가 살펴본 최저 임금제를 통해서 근로자는 최소한의 임금을 법으로 보장 받을 수 있게 되었답니다. '계약 자유의 원칙'에 의한다면 서로 동의하기만 하면 근로자를 아주 낮은 임금으로도 일을 시킬 수가 있지만 이렇게 된다면 근로자에게 너무 불리하기 때문에 법으로 최소한의 최저임금만큼은 줘야 하는 것이지요.

노동법의 내용

노동법은 크게 두 개의 법률로 나뉩니다. 첫 번째로는 근로 기준법이 있어요. 이 법은 일을 하는 사람들이 일을 하는 최소한의 조건을 보장해 주는 법이랍니다. 퇴직금을 보장하고 근로 시간을 규정하고 있는 것도 이 법률이에요. 두 번째로는 노동조합 및 노동관계 조정법이라는 것입니다. 이 법은 근로자가 사용자에게 일정한 근로 조건을 보장하라고 요구할 수 있는 단결권, 단체교섭권, 단체행동권을 규정하는 법이에요. 근로자들끼리 함께 모일 수 있는 권리를 단결권이라 해요. 이렇게 모여서 사용자에게 근로자들의 입장을 요구할 수 있는 것을 단체교섭권이라고 하죠. 만약 사용자가 들어 주지 않는다면 단체로 일을 하는 것을 거부할 수 있답니다. 이것을 단체행동권이라고 해요.

노동3권

앞의 노동조합 및 노동관계 조정법에서 규정하고 있는 단결권, 단체교섭권, 단체행동권을 다른 말로 노동3권이라고도 해요. 일하는 사람이 갖는 세 가지 권리라는 뜻이지요. 근로자는 혼자서 커다란 회사와 계약 조건을 의논하기에는 어려운 점이 많지요. 이렇게 근로자가 사용자에 비해서 약자인 경우가 많기 때문에 함께 모여서 회사를 상대로 근로 조건을 의논하고, 그것이 받아들여지지 않을 때 단체 행동을 할 수 있게 규정한 것이에요.

단체 행동을 하는 방법에는 여러 가지가 있어요. 일을 하는 것을 거부하는 방법으로 파업이 있지요. 뉴스에서 가끔 본 적이 있을 거예요. 근로자들이 파업을 하면 회사가 돌아가지 않기 때문에 사용자들이 근로자들과 협상을 하기 위해 노력하게 되지요. 일부러 일을 열심히 하지 않는 쟁의도 있어요. 태업이라고 하지요. 그밖에도 소비자들을 상대로 불매 운동을 벌일 수도 있어요. 이런 것들은 모두 근로자의 권리를 위해 헌법이 보장하고 있는 것이랍니다.

무시무시한 유괴 사건

샛별이에게 무슨 일이?

삼총사는 놀이터에 주저앉았다.

"이제 우린 어떡하지? 한 시간 일하고 천 원을 벌었으니, 21만 원을 벌려면……."

"자그마치 210시간이나 일해야 돼!"

"뭐? 21시간도 아니고 210시간?"

"어… 어떡해……."

우돌이는 210시간 동안 치킨집 광고지를 붙일 생각을 하니 눈앞이 까마득해졌다.

"하도 계단을 오르락내리락 했더니 다리가 너무 아파."

"난 어깨!"

"난 온 몸 구석구석."

정말 여기저기 아프지 않은 데가 없었다.

'엄마와 아빠도 이렇게 힘들게 돈을 버시겠지? 그런데 난 맨날 장난감 사 달라고 조르고, 아침밥 안 차려 줬다고 투정부리고…….'

눈에 눈물이 핑 돌았다.

"어? 저기 나샛별이다!"

민재가 소리쳤다. 민재가 손가락으로 가리키는 방향을 보니 정말 나샛별이 새침하고 도도한 표정으로 어디론가 걸어가고 있었다.

'흥! 오늘 나샛별 때문에 엄청 혼났지!'

우돌이는 벌떡 일어나서 샛별이한테 다가갔다.

"어디 가냐?"

"흥. 네가 웬일이야?"

"오늘 내가 너 때문에 얼마나 혼이 났는지 알아?"

"어머? 얘 좀 봐. 네가 벌 받은 게 왜 나 때문이니?"

"네가 선생님한테 이르지만 않았어도……!"

"그러기에 누가 그런 악성 문자 보내고, 인터넷에 그런 글 올리래? 난 장차 연예인이 될 사람이야. 좀 조심해 줬으면 좋겠어. 그리고 나 연기 학원 가야 돼서 바빠. 흥!"

샛별이는 서둘러서 자리를 떠났다.

연기 학원이란 말에 삼총사는 귀가 솔깃했다.

"연기 학원이라고?"

"가면 이슬비 같은 연예인도 볼 수 있는 건가?"

"우리도 가 보자!"

삼총사는 아르바이트는 까맣게 잊은 채 샛별이를 뒤쫓기 시작했다.

그런데 샛별이의 걸음이 어찌나 빠른지 삼총사는 곧 샛별이를 놓치고 말았다.

"얘가 어디로 갔지?"

그때 민재가 소리쳤다.

"저기 샛별이 있다! 어? 그런데 저 사람은 누구지?"

나뭇가지에 가려 얼굴은 보이지 않았지만 샛별이가 양복을 입은 한 아저씨와 대화를 나누고 있었다.

"저 아저씨…… 어쩐지 익숙한데?"

"나도…!"

"우리 가까이 가보자!"

삼총사는 한 발자국씩 샛별이에게 다가갔다. 그런데 샛별이가 이야기를 나누고 있는 아저씨는 다름 아닌 게임기 사기꾼이었다.

"어? 저 아저씨…!"

"샛별이한테도 게임기를 팔려고 하나 봐."

"우리가 샛별이한테 알려줘야 하지 않을까?"

하지만 우돌이가 두 사람을 재빨리 막아섰다.

"흥. 그냥 놔 둬! 나샛별도 좀 당해 보라지? 이거야말로 진짜 복수 아니겠어?"

"그… 그래도…….".

철구가 우물 쭈물거렸다.

"괜찮아. 나샛별네 집은 부자니까 엄마한테 조금 혼나고 말거야."

"어? 저기 좀 봐. 이상하다?"

아저씨가 샛별이에게 게임기를 주는 것이 아니라 샛별이를 자동차의 옆자리에 태우는 거다. 그리고 순식간에 쉥 하고 출발해 버리는 것이었다.

"어? 방금 무슨 일이 벌어진 거지?"

"샛별이가 왜 저 차를 탄 거야?"

"저…… 저게 말로만 듣던 유괴?!"

낯선 사람을 조심하라고?

범죄의 피해자가 되지 않도록 조심해야 해요. 범죄를 피하기 위해서 밤늦게 혼자서 놀거나 낯선 사람을 쫓아가는 행동을 하지 않는 것이 중요해요. 모르는 사람이 갖고 싶은 것을 사 준다거나, 부모님을 알고 있다며 함께 가자고 할 때는 조심해야겠지요? 또 위험한 일이 생기면 주변 사람에게 소리질러 도움을 청해요.

죄를 보고도 가만히 있으면 벌을 받을까?

"샛별이가 유괴를 당한 거 아냐?"
"어…… 어쩌지?"
삼총사가 우물쭈물 하고 있는 사이 샛별이를 태운 자동차는 저만치 사라져가고 있었다.
"좋아! 저 차를 따라 추격하자."
"이런 장면 영화에서 많이 봤어."
우돌이는 마침 길가에서 손님을 기다리고 있는 택시 한 대를 발견했다. 삼총사는 얼른 택시에 올라탔다.
"아저씨! 당장 저 차를 쫓아 주세요!"
"저 차에 우리 반 친구가 타고 있어요! 유괴를 당한 것 같아요."
"나도 봤다."

택시 아저씨가 말했다.
"그러니까 빨리요, 빨리 출발해 주세요!"
"너희들 택시비 있냐?"
"태…… 택시비요?"
"택시비 없으면 내려라. 이 아저씨도 영업해야 하니까."
"지금 친구가 유괴를 당했다니까요?"
"내 친구냐? 이 아저씨 바빠. 돈 없으면 빨리 내려!"
기사 아저씨는 코딱지를 파면서 심드렁한 표정으로 대답했다.
삼총사는 각자의 주머니에서 천 원씩을 꺼냈다. 아까 치킨집에서 아르바이트를 하고 받은 돈이었다.

"겨우 3천원? 흠. 그럼 출발해 볼까?"

택시 아저씨가 시동을 걸었다. 삼총사는 가슴을 쓸어내렸다.

벌써 샛별이가 탄 차는 눈앞에서 보이지 않았다. 다만 자동차가 간 방향대로 따라갈 뿐이었다.

얼마쯤 달렸을까? 저 멀리 사기꾼의 자동차가 우회전을 해서 골목길로 들어가는 것이 보였다.

"아저씨! 바로 저 쪽이에요! 얼른 우회전 해 주세요!"

"아저씨! 빨리요!"

하지만 택시 아저씨는 차를 길가에 세우는 것이었다.

"이제 내려라."

"왜요?"

"이걸 좀 봐라."

아저씨는 손가락으로 미터기를 가리켰다.

"벌써 3000원이 됐잖니? 에고. 그새 3100원이 되었네. 100원은 아저씨가 특별히 깎아 주마. 어서 돈 내고 내려!"

"치사해요, 아저씨!"

"어쩜 이러실 수 있으세요?"

"빨리 내려. 어이쿠! 다른 손님이 타시려고 하잖아? 당장 내리지 못해?"

삼총사는 발을 동동 구르면서 택시에서 내렸다.

"이제 어떡하지?"

그때 우돌이의 머릿속에 퍼뜩 떠오른 생각.

"아. 맞다! 경찰에 신고하면 되지!"

범죄를 보고도 도와주지 않으면 죄가 되나요?

위험에 빠진 사람을 도와주지 않으면 어떻게 될까요? 다른 사람을 도와주지 않았다면 처벌받아야 한다고 주장하는 사람도 있고, 단지 도와주지 않은 것뿐인데 처벌하는 것은 심하다고 말하는 사람도 있어요.

착한 사마리아 인의 법이란 자신이 위험에 처하지 않는데도 불구하고 위험에 처한 사람을 돕지 않는 것을 처벌하는 법을 말해요. 성경에 나오는 이야기에서 따온 말이지요. 강도를 당해 쓰러져 있는 유대인을 보고 제사장이나 레위인은 지나쳤는데 당시 유대인과 적대 관계에 있던 사마리아 사람이 유대인을 구해 준 이야기에서 비롯되었지요.

착한 사마리아인의 법을 갖고 있는 나라도 있지만 우리나라는 위험에 처한 사람을 돕지 않아도 처벌하지는 않아요. 그래도 위험에 처한 사람을 도와주는 것이 좋겠죠?

112에 장난 전화 하면!

우돌이는 얼른 핸드폰을 꺼냈다.
"내가 신고를 많이 해봐서 어떻게 신고하는지 잘 알아!"
그리곤 자신 있게 112를 눌렀다.
"거기 경찰서죠? 친구가 유괴를 당해서 신고를 하려고 하는데요."
"꼬마야. 장난 전화하면 못쓴다!"
"네? 장난 전화 아닌데요?"
"네 번호가 이미 우리 경찰서에 입력되어 있어. 너 벌써 다섯 번째 전화하는 거잖아? 한 번만 더 이런 전화 걸면 그땐 정말 혼난다!"
"아니에요. 이번엔 진짜 장난 전화 아니란 말이에요!"

"떽! 부모님에게 연락한다?"

"억울해요. 진짜 지금 친구가 유괴를 당했는데……."

뚜뚜뚜뚜.

전화가 끊겼다. 눈물이 찔끔 나오려고 했다.

그동안 경찰서에 장난 전화를 몇 번 걸었던 것은 사실이지만 이번엔 진짜 위험한 사건이 벌어졌는데 자신을 믿어주지 않다니, 억울했다.

"내… 내가 걸어볼게."

철구가 우돌이의 핸드폰을 빼앗아 들었다.

"안 돼. 이미 내 핸드폰 번호가 입력되어 있대……."

"그렇다면 힘들겠군!"

민재도 체념하듯 말했다. 하지만 철구는 뜻밖에 단호하게 112를 눌렀다.

"거기 경찰서죠?"

철구의 입에서 40대 아줌마의 목소리가 울려 퍼지기 시작했다.

"우리 아들의 전화를 안 믿어 주신다고 해서 엄마인 제가 직접 전화를 걸었습니다. 지금 아들 친구가 유괴를 당했어요! 여기가 어디냐면……."

평소 소심하기로 둘째가라면 섭섭한 철구의 입에서 나오는 그럴듯한 아줌마 흉내에 우돌이와 민재의 눈이 휘둥그레졌다.

전화를 끊은 철구가 말했다.

5장 무시무시한 유괴 사건

"지… 지금… 바로 출동한대! 휴."
"짜식! 멋지다!"
우돌이와 민재가 철구를 힘껏 껴안아 주었다.
5분도 안 되어 싸이렌 소리가 울려 퍼졌다. 경찰차가 출동한 것이었다.
"전화한 게 너희들이니?"
"네! 지금 제 친구가 유괴를 당했어요. 저 쪽으로 갔어요!"
"우선 급하니 차에 올라타라."
경찰 아저씨가 경찰차 뒷문을 열어 주었다.
"이야! 경찰차를 탔어!"
우돌이가 가장 먼저 잽싸게 올라탔다. 민재와 철구도 얼른 우돌이 옆자리에 자리를 잡고 앉았다.
"저 쪽이에요! 저 쪽으로 사라졌어요."
경찰차가 싸이렌 소리를 울리며 정신없이 달리기 시작했다. 하지

만 아까 샛별이를 태운 자동차가 간 방향대로 가 보았지만 아무것도 없었다.

"무슨 자동차였니? 그리고 그 남자의 인상착의는?"

"음…… 정말 큰 차였어요!"

"검정색이었고요."

"그 아저씨는 착하게 생겼어요."

"실제론 착하지 않아요. 사기꾼이에요!"

"키는 컸던 것도 같고……."

"그게 큰 키야? 아니야. 작은 키였어."

"그 정도면 큰 거 아니야?"

"안경을 썼는데……."

"무슨 소리! 안경은 못 봤어."

우돌이와 민재는 각자 자기의 얘기를 하느라 바빴다. 분명한 건, 두 사람의 입에서 나오는 이야기 중 분명한 건 아무것도 없다는 사실 뿐이었다.

"자자. 제대로 좀 얘기 해 보겠니? 자동차 종류라도 말이야!"

"차가 엄청 컸어요."

"자동차 바퀴는 네 개였고요!"

"그걸 말이라고 하냐? 자동차 바퀴는 원래 네 개야!"

"세 개짜리도 있다고 들었어!"

"우하하. 어디에 그런 게 있대? 아프리카?"

그때 철구가 아주 작은 목소리로 중얼거렸다.

"차 번호가…… 기억나는데……."

"뭐? 그게 정말이니? 차 번호가 뭐였어?"

경찰 아저씨가 다급하게 물었다.

"☆△나 □□☆□……."

철구가 정확히 대답하자 가장 놀란 건 우돌이와 민재였다.

"너 천재였어? 어떻게 그런걸 기억해?"

"아… 아니. 우리 집 전화번호랑 똑같아서 기억하고 있었지."

"그럼 진작 말했어야지! 으이그!"

경찰 아저씨는 어디론가 무전을 해서 '☆△나 □□☆□' 번호판을 가진 자동차를 찾아봐 달라고 부탁했다.

곧 연락이 왔다. 멀리 떨어지지 않은 곳에서 그 자동차를 발견했다는 것이었다.

"출동이다! 안전띠 잘 매라!"

띠용띠용 소리를 내면서 경찰차가 달리기 시작했다. 곧 눈앞에 아까 그 차가 나타났다. 경찰차가 뒤쫓아 오고 있는 것을 알자 사기꾼의 차도 전속력으로 내달리기 시작했다.

"오호! 신난다, 신나!"

"더 빨리 달려요, 경찰 아저씨!"

"너희들 지금 영화 찍는 줄 알아? 좀 조용히 못하겠니?"
추격전 끝에 곧 차량은 경찰차에 포위당하고 말았다.

범죄가 일어나면 어떻게 해야 할까요?

제일 먼저 해야할 일은 112로 경찰에 신고하는 것이에요. 물론 직접 범인을 잡을 수도 있어요. 일반 사람들도 범죄가 일어나고 있는 상황에서는 범죄자를 잡는 것이 가능하답니다. 하지만, 이런 현행범 체포에는 많은 위험들이 있어요. 범인과 싸우게 되어 다칠 수도 있기 때문이에요. 그렇기 때문에 어린이 여러분이 범죄를 목격하게 된다면 우선 가까운 경찰서에 알리거나 112로 경찰에 신고하는 것이 좋습니다.

범죄

범죄란 무엇일까?

우리는 더불어 살아가는 데 특별히 해를 끼치는 행위를 법률로 규정해 지킬 것을 강제하고 있답니다. 이를 어기는 것을 범죄라고 하죠. 형법에 규정된 각종 행위들이 대표적인 범죄이지만, 이것에 한정되지 않고 앞서 우리가 살펴보았던 특별법이나 도로교통법과 같은 법률을 위반하는 행위도 형벌이 규정되어 있다면 모두 범죄가 된답니다.

범죄가 되기 위해서는?

범죄가 되기 위해서는 세 가지 요건이 필요하답니다. 어려운 말로, 구성요건에 해당하고 위법하며 책임이 있어야 해요. 우리가 어떤 행위를 하였을 경우 그 행위가 법률에 범죄로 규정되어 있어야 범죄가 된다는 것을 의미한답니다. 예를 들어서 우리 형법 제250조에는 사람을 살해한 경우 이것을 살인죄라고 규정하고 있어요. 우리가 다른 사람을 살해한 경우 형법 제250조에 해당하기 때문에 이러한 행위가 살인죄가 되는 것이랍니다.

법에 규정되어 있는 행위를 했더라도 위법해야 해요. 우리의 행위가 전체 법질서에 비추어 볼 때 타당하지 않다는 것을 의미한답니다. 법에 규정된 죄를 저질렀다면 위법한 경우가 대부분이지만 정당방위의 경우나 정당행위의 경우도 있어요.

범죄 구성요건으로서 세 번째가 책임이에요. 이것은 범죄를 저지른 사람이 책임을 질 수 없는 어쩔 수 없는 상황일 때는 처벌할 수 없지요. 만약 우리가 다른 사람을 때렸더라도 이런 행위가 다른 사람에게 붙잡힌 가족의 생명을 보호하기 위해 저지른 행위라면 과연 살인범을 비난할 수 있을까요? 가족의 생명을 보호하기 위해 저지른 어쩔 수 없는 일이었으니 책임을 묻기

어렵겠지요.

형벌

형벌이란 무엇일까?

　형벌이라 함은 범죄를 저지른 경우에 국가가 범죄에 대해 제재를 가하는 것을 의미한답니다. 형벌을 내릴 수 있는 권한은 국가에게만 있어요. 그리고 형벌의 대상은 오로지 사람에 한정된답니다. 그렇기 때문에 동물이나 자연에 형벌을 내릴 수는 없지요.

형벌의 종류

　우리나라에서 형벌은 9가지를 인정하고 있답니다. 사형과 징역, 금고, 구

류, 벌금, 과료, 몰수, 자격상실, 자격정지로 나누어지게 됩니다.

생명형으로서의 사형

　사형이라 함은 극형, 생명형이라고 불리는 인간의 역사에서 가장 오래된 형벌이랍니다. 생명을 빼앗는 것이지요. 하지만 이러한 사형은 인간의 존엄성을 보호해야 한다는 점을 고려하여 차츰 줄어들어 오늘날에는 몇 가지 범죄에 한해서 사형을 규정하고 있어요.

자유형으로서의 징역, 금고, 구류

　사람의 신체의 자유를 제한하는 형벌을 자유형이라고 해요. 교도소나 유치장에 가두는 것이지요. 징역은 범죄를 저지른 사람을 교도소에 가둔 후 일을 시키는 것을 의미해요. 금고는 징역과는 달리 교도소에 가두기만 할 뿐 일을 시키지는 않는답니다. 구류는 징역과 금고보다는 짧게 교도소나 경찰서의 유치장에 가두는 것이에요. 보통 30일 미만 이내로 범죄자를 가두어 두지요.

재산형으로서의 벌금, 과료, 몰수

　벌금과 과료, 몰수는 모두 재산에 대한 형벌이랍니다. 다만 벌금과 달리 과료는 금액이 적고 몰수는 다른 형에 부가하여 내리는 형벌이에요. 감옥에 가두면서 몰수도 함께할 수 있지요. 재산형을 받고 벌금을 내지 않으면 노역장에서 정해진 날만큼 일해야 해요.

명예형으로서의 자격정지, 자격상실

　일정 기간 동안 일정한 자격의 전부 또는 일부를 정지시키는 형벌이라서 명예형이라고 해요. 자격 상실은 사형이나 무기징역, 무기금고를 받은 사람에게 일정한 자격을 박탈시키는 것이지요. 공직자가 될 수 있는 자격이나 선거권, 선거에 나갈 권리 등이 제한돼요. 다른 형벌들과는 다르게 생명이나 사람의 신체에 대한 형벌이 아닌 자격에 대한 형벌이라는 점에서 차이가 나죠.

생명형	사형	생명을 빼앗는 형법상 최고형
자유형	징역, 금고, 구류	교도소 등에 가두어 자유를 박탈
명예형	자격 상실, 자격 정지	일정한 자격을 제한
재산형	벌금, 과료, 몰수	금전을 내거나 재산을 빼앗기는 등 재산권에 제한을 가함

102% 완벽한 해피엔딩

유괴범을 잡았다!

유괴범 손에는 수갑이 채워졌다. 다 같이 경찰서로 들어섰을 땐 이미 어둑해져 있었다.

"샛별아!"

"아이고, 우리 샛별아!"

경찰서에서 샛별이를 간절히 기다리고 있던 샛별이의 엄마와 아빠, 그리고 할머니와 할아버지 및 삼촌과 사촌, 오촌들은 샛별이를 보자 좋아서 어쩔 줄 몰라 했다.

"우리 귀한 딸 샛별이가 연기 학원에 간다고 나갔는데 30분도 안 돼서 전화가 걸려오는 거예요. 글쎄 샛별이를 데리고 있으니 돈 천만 원을 준비하라지 뭐예요?"

"어찌나 놀랬는지 아직도 손이 파들파들 떨려요. 우리 샛별이가

무사히 돌아와서 얼마나 다행인지, 흑흑."

"유리처럼 연약한 우리 샛별이를 구해 주셔서 정말 감사합니다."

바글바글한 샛별이의 가족과 친척들이 떠드는 와중에 샛별이가 우돌이에게 다가왔다.

"네가 날 구해줬다면서?"

"응? 응……. 별 거 아니야. 네가 걱정돼서."

우돌이가 머리를 긁적이며 대답했다.

"야! 내… 내가 번호판을 외우는 바람에…… 읍!"

민재가 철구의 입을 재빨리 막고 두 사람을 위해 자리를 비켜 주었다.

"정말 고마워. 난 네가 그렇게 용감한 아이인지 몰랐어."

"헤헤. 그럼 내가 오늘 너 괴롭힌 거 용서해 주는 거지?"

"그럼 당연하지. 이제 너만 '내 사랑 별빛소녀' 보여 줄게. 나랑 대본 연습 같이 하지 않을래?"

"정말?"

"응!"

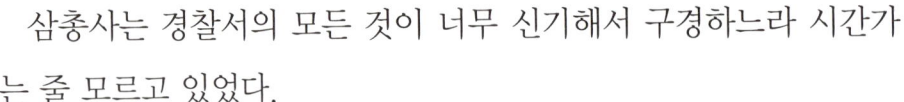

유괴범에 대한 조사가 시작됐다.

삼총사는 경찰서의 모든 것이 너무 신기해서 구경하느라 시간가는 줄 모르고 있었다.

"샛별이란 애가 어찌나 쫑알쫑알거리면서 잔소리를 해 대는지, '아저씨, 지금 저 유괴하신 거예요?', '우리 큰아버지가 국회의원인 거 아세요?', '아저씨 그렇게 살면 안 돼요.', '아저씨, 배고픈데 밥은 좀 주시죠?' 어휴! 차에 데리고 타자마자 후회했다니까요? 제가 정말 죽을죄를 지었습니다만, 죄짓고 나서 붙잡히길 잘했다는 생각 든 것도 처음입니다."

아저씨는 한숨을 푹 내쉬었다.

"죄짓고 뭘 잘했다고 그렇게 잔말이 많아? 그러고 보니 벌써 유괴만 세 번째군?"

"전부 실패했었다니까요."

"같은 범죄를 여러 번 저지르면 가중처벌 받는 것 잘 알고 있지?"

"한 번만 용서해 주세요. 이제 진짜 착하게 살 거예요."

아저씨의 말이 끝나자마자 세 사람이 아저씨한테 달려들었다.

"아저씨! 그럼 저희 계약 좀 취소해 주세요! 네?"

"제발요. 저희 엄마 아시면 큰일 나요."

"지금 빨리 취소해 주세요. 제발요."

경찰 아저씨가 세 사람을 막아섰다.

"어이쿠! 너희들 왜 그러냐? 이 사람한테 뭘 또 취소해 달라는 거야?"

"저희가 저 아저씨한테 게임기를 샀거든요."

"사실 산 게 아니고 공짜로 주는 건 줄 알고 받은 건데요."

"21만 원짜리였어요!"

"뭐? 그게 정말이냐?"

경찰 아저씨들이 웅성웅성하더니 유괴범을 더 조사하기 시작했다.

"저 사람이 요즘 초등학교 앞에서 기승을 부리던 게임기 사기꾼 중 하나구나. 너희들 덕분에 저 사기꾼을 잡을 수 있게 됐어."

"그럼 정말로 사기였단 말이에요?"

"저희들 계약은 어떻게 되는 거예요?"

"그건 당연히 없었던 일이 되는 거란다."

"그게 정말이에요? 앗싸!"

"당연하지. 계약 자체가 애초에 사기였으니깐 말이다."

"야호!"

삼총사는 서로 부둥켜안고 환호성을 질렀다.

법과 관련된 일을 하는 사람들

법과 관련된 일을 하는 사람들은 어떤 사람들이 있을까요? 첫 번째로 법을 만드는 입법부에서 활동하는 국회의원이 있어요. 국회의원은 4년간 활동하며 사람들의 투표에 의해 뽑힌답니다. 이들은 국민의 대표로서 국민을 구속할 법을 스스로 만들어요.

또 법을 집행하는 검사와 판사가 있지요. 검사는 행정부에서 일하며, 죄를 저지른 사람들을 잡아 재판에 회부한답니다. 이때 판사는 재판에 회부된 사람을 심판하여 어떠한 형벌을 내릴지 결정하게 돼요.

변호사도 있지요. 변호사는 죄가 없는 사람을 도와 재판에서 무죄를 받기 위해 노력하는 사람이랍니다. 판사가 판결을 내리기 전까지는 아무리 범죄를 저지른 사람이라고 하더라도 무죄예요(무죄추정의 원칙). 그렇기 때문에 변호사는 범죄를 저지른 사람이라 하더라도 판결을 받을 때까지 그들을 도와주어야 한답니다.

삼총사의 깨달음

"오늘 범죄자를 잡는 데 너희 셋이 아주 큰 몫을 해냈다. 아주 훌륭한 어린이들이야!"

경찰서장이라는 아저씨가 삼총사를 향해 박수를 쳐 주었다.

민재는 어쩐지 경찰서장 아저씨의 얼굴이 낯이 익어서 계속 흘끔거렸으나 경찰서장 아저씨는 자꾸 민재의 눈을 피했다.

'아침에 두 번이나 침 뱉은 걸 들키게 생겼군. 하지만 저 어린이가 이렇게 훌륭한 일을 해낼 줄 알았지! 암, 그렇고말고!'

경찰서에서 가장 높은 아저씨가 칭찬을 해 주니 삼총사의 어깨가 으쓱했다.

그때 한 경찰관 아저씨가 경찰서 안으로 들어오더니 귓속말로 뭐라뭐라 하는 것이 보였다. 그러자 경찰서장 아저씨의 얼굴이 갑자기 붉으락푸르락해지더니 소리쳤다.

"너희들, 112에 장난 전화 걸던 놈들이라는 게 정말이냐?"

"아… 아니에요!"

"저희는 정말 신고할 것이 있어서……!"

"억울해요!"

"진짜 억울한 건 너희들이 한 장난 전화 때문에 경찰관들이 제때 출동하지 못해 피해를 받는 시민들이야. 알겠니? 다시 장난 전화를 걸면 그땐 용감한 어린이상이고 뭐고 없어!"

"용감한 어린이상이요?"

"흠. 그래. 이 경찰서장 아저씨 이름으로 너희들에게 용감한 어린이상을 주려고 한다."

"우와! 신난다!"

경찰서를 나온 삼총사는 집으로 걸어오면서 자꾸 팔을 꼬집어 보았다.

"아얏!"

"아픈 거 보니까 진짜인가 봐."

오늘 하루 동안 있었던 엄청나게 많은 일들 때문에 몸은 무거웠지만 마음만은 가벼웠다.

"나 앞으로 커서 판사가 되기로 결심했어!"

꼬마 법률가 민재가 말했다.

"법을 잘 몰라서 억울한 일을 당할 수 있다는 걸 알았거든. 그런 사람들 편에 서서 올바른 법의 판결을 내려주는 판사가 될 거야."

철구도 말했다.

"나… 난 선생님이 될 거야. 어린이들에게 누구보다 법을 쉽고 재미나게 가르쳐 주는 선생님 말이야. 우돌이 넌?"

"난 경찰관이 될 거다!"

"왜?"

"그건…… 경찰차 또 타보고 싶어서! 큭큭."

"어이쿠. 그럼 그렇지!"

현관에 들어서자마자 고소한 냄새가 풍겼다.

"우돌이 너, 대체 어딜 나갔다 오는 거야?"

"엄마가 저녁으로 너 좋아하는 돈가스를 해 놨다. 빨리 먹자. 엄마의 요리를 맛있게 먹어 주는 것이 남편과 아들의 의무 아니겠니?"

아빠가 우돌이를 향해 눈을 찡긋했다.

울컥한 우돌이가 엄마와 아빠에게 달려갔다. 그러고는 엄마와 아빠를 힘껏 껴안았다.

"어머, 얘가 왜 이래?"

"엄마! 아빠! 이제 아침밥 같은 걸로 투정 안 부릴게요. 저 때문에 돈 버시느라 힘드시잖아요. 이제 저 공부도 열심히 할 거예요. 공부가 역시 세상에서 가장 쉬운 일 같아요."

"오늘 무슨 일 있었니? 아침엔 투정이란 투정은 다 부리더니 저녁이 되니 갑자기 효자가 됐네?"

"네. 저 이제 효자 할 거예요! 효자 변신!"

"그럼 어서 씻고 나와라. 응?"

"네!"

우돌이가 욕실로 들어가는 모습을 엄마와 아빠가 흐뭇하게 지켜보았다.

"기특해라. 저녁 먹고 나서 아까 당신이 공짜로 받아왔다는 게임기를 선물로 주면 정말 좋아하겠어요."

"그렇겠지? 그리고 우돌이를 위해 특별히 치킨을 시켜줍시다."

"꼬꼬치킨집 어때요?"

"좋지!"

우돌이는 변기에 앉았다. 그리곤 꾸벅꾸벅 졸기 시작했다. 이번엔 똥이 폭발하는 그런 지저분한 꿈이 아니었다. 아주 행복하고, 달콤한 꿈이었다.

"우돌아! 치킨 왔는데 왜 안 나오냐?"

"너 설마 또 변기에 앉아서 졸고 있는 건 아니지?"

"음냐음냐…. 샛별아. 내 색시가 되어 줘서 고마워……. 쿨쿨."

재판에 대해 알아보자

재판에는 두 가지 종류가 있어요. 개인이 자신의 권리를 침해 받았을 때 제기하는 소송이 민사 소송이에요. 범죄를 저지른 사람을 국가가 처벌하는 것을 형사 소송이라고 하지요. 우리나라 법은 삼심제를 규정하고 있어요. 재판을 세 번 받을 수 있다는 뜻이에요. 그래서 첫 번째 재판의 결과가 마음에 들지 않더라도 고등법원과 대법원에서 재판을 받을 수 있어요.

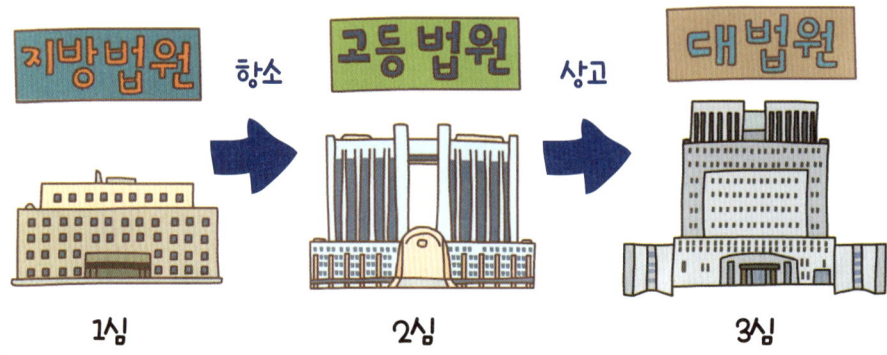

민사 재판 과정

소장 접수

민사 소송을 하기 위해서는 제일 먼저 법원에 소장을 작성해 접수 시켜야 합니다. 소장을 작성해 접수를 할 때에는 우표처럼 생긴 인지를 붙이게 됩니다. 이때 인지란 소송을 하기 위해 국가에 내야 하는 세금이랍니다. 민사 소송은 개인의 비용을 부담하는 것이 원칙이거든요.

소장 부본 송달

소장 부본이라는 것은 소장의 복사본입니다. 이를 보고 피고는 소송 준비를 해서 소장에 대한 답변서를 작성해 30일 이내에 법원에 제출해야 합니다.

민사 소송에서 소송을 제기한 사람   민사 소송에서 소송을 제기받은 사람

변론 준비 절차

　　피고가 답변서를 제출하면 변론 준비 절차가 시작됩니다. 원고와 피고가 서로 종이에 각자의 이야기를 적어 교환하는 것을 의미해요. 모든 문제를 만나서 이야기를 하게 된다면 재판의 진행이 느려질 수 있기 때문에 종이에 적어 각자의 입장을 먼저 확인하는 것이죠. 그렇기 때문에 이 절차를 서면에 의한 변론 준비 절차라고 부르기도 한답니다.

변론 준비 기일

　변론 준비 절차를 통해서 소송에서 원고와 피고가 무엇을 다투는 것인지가 정리되면 변론 준비 기일이라는 날짜를 정하게 됩니다. 원고와 피고가 서로 만나서 이야기를 하는 날이에요. 보통은 재판이 이루어지는 법정이 아닌 판사가 있는 판사실이나 조정실에서 변론 준비 기일이 이루어진답니다. 여기에서 판사가 원고와 피고의 화해를 유도하기도 한답니다.

변론 기일

　변론 기일은 실제 법정에서 원고와 피고가 서로 다투는 날입니다. 앞서 변론 준비 절차를 통하여 정리된 문제점에 대하여 원고와 피고가 서로 자기가 옳다고 판사에게 주장하게 된답니다.

판결 선고

　변론 기일을 통해서 원고와 피고의 이야기를 듣고 판사가 누구의 이야기가 옳다고 판단이 되었다면 변론 기일을 끝내고 판결 선고 기일을 잡아 판결을 선고하게 됩니다.
　판결에서 진 사람은 판결문을 받은 날로부터 2주 이내에 상급법원에 상소할 수 있습니다

형사재판과정

판사 입장

법정에 판사가 입장하고 재판을 시작합니다. 검사가 기소한 사건에 부여된 사건번호를 읽으면서 동시에 재판에 관련된 사항들을 밝히고, 피고인이 소장에 기록된 인물과 동일인인지 확인하는 등 재판에 필요한 사항들을 점검합니다. 범죄를 저지른 사람이 피고인으로서 재판정에 나와 있는지를 확인하는 것이죠.

기소요지 진술

검사가 피고인의 죄에 대해 설명을 합니다. 즉, 피고인의 행위가 형법 몇 조의 범죄에 해당하는지, 범죄의 성립 요건을 갖추었는지 여부를 이야기하는 단계랍니다.

검사의 직접신문

검사가 피고인에 대해서 직접신문을 행합니다. 신문이란 범죄를 저지른 것이 맞는지 여부를 확인하는 것을 의미합니다.

변호인의 반대신문

변호사는 피고인이 죄가 없다는 것을 증명해야 한답니다.

증거조사

증인이나 증거를 내세워 검사와 변호인 간에 범죄를 저지른 것이 맞는지에 관하여 많은 이야기를 하게 된답니다. 형사 소송에서 가장 중요한 절차랍니다. 증거조사를 거쳐서 피고인이 죄가 있는지 없는지 밝혀내기 때문이죠.

검사의 의견 진술

검사가 재판부에게 자신의 의견을 이야기 하는 것입니다. 이를 보통 구형이라고 해요. 검사의 구형은 강제력이 없으며, 판사는 이를 참고하여 판결을 내린답니다. 예를 들어 검사가 피고인에게 징역 10년의 형벌을 내려 달라고 판사에게 요청하는 것이죠. 다만 판사는 검사의 의견을 참고만 하여 징역 10년의 형보다 적은 형벌을 내릴 수도 있고 더 많은 형벌을 내릴 수도 있어요.

변호인의 변론

피고인을 보호하기 위한 변호인의 마지막 이야기입니다.

피고인의 최후진술

피고인 스스로 자기가 범죄를 저지르지 않았다는 것을 마지막으로 이야기 하는 단계입니다. 범죄를 인정하고 용서를 구하기도 하지요.

판결 선고

위의 절차가 모두 완료되면 판사는 심리 종결을 선언하고, 판결을 하게 된답니다. 여기에 불복하게 된다면 항소나 상고를 할 수 있습니다.

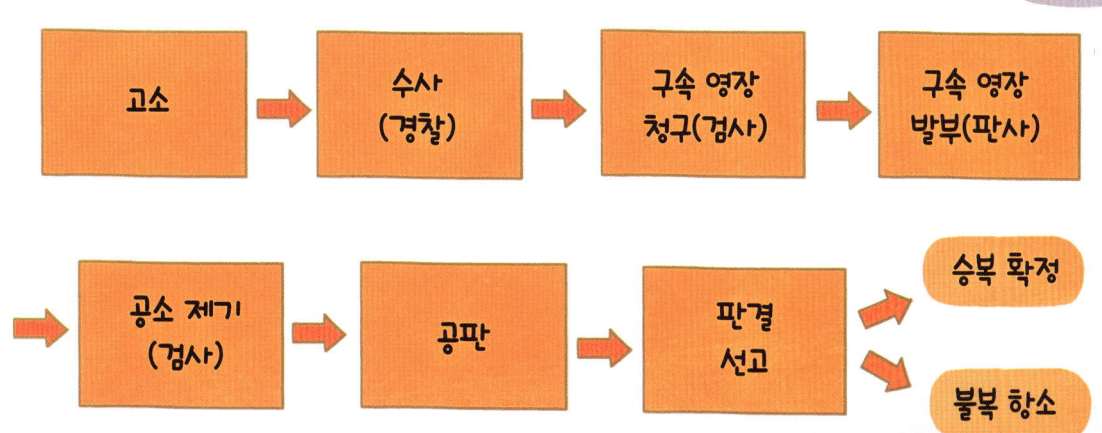

모의 재판

2012년, 3월 20일에 스타연기학원 앞에서 나샛별(10세)을 유괴하려다, 나샛별의 같은 반 친구들과 경찰에 의해 붙잡힌 유괴범 '유계범(42세)'에 대한 재판이 오늘 열렸다.

 서기 : 재판장님께서 입장하시겠습니다. 모두 자리에서 일어나 주세요.

(재판부가 입장하자 방청객 및 모두가 기립한다.)

 서기 : 모두 자리에 앉아 주세요.

(모두 자리에 앉는다.)

 판사 : 지금부터 사건번호 2012 1234호의 재판을 시작하겠습니다. 탕탕탕!

 서기 : 피고인 유계범은 입장하세요.

(피고인 유계범은 피고인석으로 나간다.)

 판사 : 피고인은 본 법정에서 피고인에게 불리하다고 생각되는 사항에 대해서는 진술을 거부할 수 있는 진술거부권이 있습니다. 생년월일, 나이, 주소와 직업을 또박또박 말하세요.

 피고인 : XX년 X월 X일 생, XX살, 아무래도 안되겠군 유괴하면 어떠리 49번지, 직업은 게임기 판매원입니다.

강우돌: (증인석에서) 게임기 사기꾼이겠지! 메롱~!

서기: 어허. 증인은 조용히 하세요.

판사: 검사측은 본 사건에 관한 진술을 시작하시기 바랍니다.

검사: 피고인 유계범은 2012년 3월 20일에 스타 연기 학원 앞에서 피해자 나샛별을 유괴하고 도주하다가 같은 반 친구인 강우돌, 이철구, 오민재 군에게 붙잡힌 혐의를 가지고 있습니다. 이에 약취유인죄로 피고인 유계범을 고소합니다. 피고인 유계범은 3월 20일에 스타 연기 학원 앞에 간 일이 있지요?

유계범: 스타 연기 학원이 어딘데요? 전 몰라요, 몰라!

검사: 그 날 피해자 나샛별 양에게 접근해서 나샛별 양을 납치했잖아요?

유계범: 그… 그게 아니고요……. 아이고. 억울해라.

검사: 피고인은 계속 불성실한 대답으로 진술을 피하고 있습니다. 이는 법정에서 사실을 밝히는 데 방해가 된다는 것을 알고 있습니까?

변호사: 재판장님! 이의 있습니다. 검사는 피고인에게 대답을 강요하고 있습니다. 피고인이 검사 때문에 겁을 먹었습니다.

재판장: 인정합니다. 검사는 피고인 신문에 있어 주의하시기 바랍니다.

- 검사 : 그럼 나샛별 양을 만나기 전, 영웅 초등학교 앞에서 게임기를 공짜로 준다며 강우돌, 이철구, 오민재 군에게 사기를 쳤지요?

- 유계범 : 판매를 하려고 했을 뿐이에요.

- 변호사 : 이의 있습니다. 검사는 피고인을 억압하며 부당한 협박을 하고 있습니다.

- 재판장 : 이의를 기각합니다. 검사, 계속 신문하세요.

- 검사 : 나샛별 양을 납치한 뒤, 나샛별 양의 가족들에게 전화를 걸어 돈 천만 원을 요구했지요?

- 유계범 : 그게요……. 어떻게 된 거냐면…….

검사 : 이상으로 피고인 신문을 마치겠습니다.

유계범 : 아, 내 말 좀 들어 봐요! 난 억울해요.

재판장 : 변호인측, 피고인 신문을 시작해 주시기 바랍니다.

변호사 : 피고인 유계범에게 묻겠습니다. 유계범은 가정 형편이 어려워 많은 빚에 시달리고 있었지요?

유계범 : 네. 맞습니다, 맞아요! 흑흑. 돈이 뭐라고.

변호사 : 빚에 시달리기 전까진 아이들을 몹시 사랑해서 매주 고아원으로 봉사 활동도 나갔었지요?

유계범 : 그렇습니다, 그렇고말고요. 한 번도 빠지지 않았지요. 전 아이들을 너무 사랑해요. 흑흑.

검사 : 이의 있습니다! 지금 변호인과 피고인은 재판장님에게 동정심을 유발하고 있습니다.

재판장 : 이의를 기각합니다. 계속 신문하세요.

변호사 : 생활고가 심해지자, 게임기 장사를 시작했고, 장사를 하기 위해 영웅 초등학교 근처에 갔다가 혼자 배회하고 있는 나샛별 양을 발견하곤 나샛별 양을 집으로 데려다주려고 했었지요?

유계범 : 네. 그렇습니다. 흑흑.

변호사 : 나샛별 양을 자신의 차에 태운 뒤 가족들에게 주소를 물어 보기 위해 전화를 걸었던 거지요?

유계범 : 네. 그렇습니다. 전 착한 사람입니다.

변호사 : 이상으로 피고인 신문 마치도록 하겠습니다.

재판장 : 증인 신문을 시작하겠습니다. 검사 측 증인 신청 하시겠습니까?

검사 : 재판장님, 검사측 증인으로 나샛별의 같은 반 친구이자, 사건 현장에서 피고인을 잡는데 결정적 역할을 한 강우돌 군을 증인으로 신청합니다.

재판장 : 인정합니다.

(강우돌, 증인석으로 나온다.)

서기관 : 증인은 오른손을 들어 주십시오. 증인은 본 법정에서 진술함에 있어 양심에 따라 숨김과 보탬이 없이 사실 그대로를 말할 것이며, 만일 거짓을 말할 시에는 위증의 벌을 받을 것을 엄숙히 선서합니다.

강우돌 : 선서합니다.

서기관 : 증인은 자리에 앉아 주십시오.

재판장: 검찰 측 증인신문을 시작해 주시기 바랍니다.

검사: 강우돌은 피고인 나샛별과 어떤 관계입니까?

강우돌: 나중에 결혼할 사이입니다. 즉 우리는 앞으로 남편과 아내가 될…… 큭큭.

검사: 법정이 장난입니까?

강우돌: 사실이라고요!

검사: 흠흠. 아무튼 강우돌군은 나샛별 양이 납치되던 시간, 어디에 있었습니까?

강우돌: 바로 그 장소에 있었습니다.

검사: 그럼 피해자 나샛별 양이 납치되는 것을 똑똑히 보았겠군요?

강우돌: 그렇습니다. 사실 게임기 사기를 당하는 줄 알고 도와주려고 하다가 그날 샛별이가 절 놀린 것도 생각나고 해서 그냥 혼나봐라 하는 심정으로…….

변호사: 아니 그럼 나쁜 짓을 보고도 아무 행동도 하지 않았다는 말입니까?

강우돌: 아… 아니, 그게 아니고요! 저도 저 사기꾼이 샛별이를 납치하려는지는 몰랐다고요.

검사 : 저 피고인이 나샛별 양을 납치한 게 사실이란 말이죠?

강우돌 : 네. 분명히 자기 차에 샛별이를 눈 깜짝할 사이에 태워서 어디론가 사라졌어요.

검사 : 이상입니다.

변호사 : 증인 강우돌 군! 강우돌 군은 피고인 유계범의 입에서 '나샛별을 납치하겠다.'란 말을 직접적으로 들었습니까?

강우돌 : 아… 아니요. 그런 말은 못 들었는데요.

변호사 : 알겠습니다.

재판장 : 이상 증인 신문을 마치겠습니다.

변호사 : 재판장님! 우리 피고인이 나샛별 양을 자신의 차에 태운 것은 사실이나 오히려 차 안에서 나샛별 양에게 괴롭힘을 당했다는 확실한 증거를 제가 가지고 있습니다. 차량 블랙박스 녹화 화면을 증거로 제출하겠습니다.

재판장 : 인정합니다.

(변호사가 제출된 증거물을 상영한다.)

변호사 : 보시다시피, 피고인 유계범이 피해자 나샛별에게 얼굴을 꼬집히고 있으며 유계범의 표정은 아픔 때문에 한없이 일그러져

있고 후회로 가득합니다. 이래도 유계범이 끝까지 범행을 계속할 의도가 있었다고 보이십니까? 유계범은 곧바로 나샛별 양을 집으로 데려다주려고 했고 나샛별 양에게 집이 어디냐고 묻기까지 했습니다.

유계범 : 맞습니다! 진짜 저런 애는 처음 봤어요. 어찌나 조잘조잘거리며 날 꼬집어 대는지 아파 죽는 줄 알았다고요! 곧바로 후회하고 집으로 데려다 주려고 했어요.

재판장 : (의사봉 두드리며) 자자, 피고인은 진정하세요. 검사측, 반대 신문 하시겠습니까?

검사 : 네. 저도 증거물을 제출하겠습니다. 피고인 유계범과 나샛별 가족들의 통화 내용을 녹음한 것입니다.

당신들의 귀여운 아이를 내가 데리고 있다! 돈 천만 원을 당장, 아얏! 왜 꼬집어! 요 어린 애가. 흠흠. 아무튼 빨리 돈 천만 원을! 아얏! 아얏! 아얏! 더 이상은 못 참아! 너 집이 어디냐?

검사 : 분명히 피고인 유계범의 입에서 '돈 천만 원'이라는 단어가 나왔습니다. 이는 나샛별을 이용해 돈을 받아내려는 목적이 있었다고밖엔 볼 수가 없습니다.

변호사 : 재판장님! '돈 천만 원'이라는 단어만 있지 '가지고 나와라'라는 단어가 없습니다. 유념해 주십시오.

검사 : 재판장님! 저건 억지입니다! 다시 피고인에게 묻지요. 피고인 유계범은 이미 두 번이나 유괴를 저지른 전과가 있지요?

유계범 : 아… 아니 그건. 흑흑. 그건……

검사 : 본인이 유괴 상습범임을 인정합니까?

유계범 : 흑흑.

변호사 : 이의 있습니다!

재판장 : 모두 조용히 하세요. 이것으로 신문 과정을 모두 마치도록 하겠습니다. 검사 측 논고 및 구형을 시작하세요.

검사 : 존경하는 재판장님! 피고인 유계범은 두 번이나 유괴를 저지른 적이 있는 유괴 상습범입니다. 이번에도 피해자 나샛별 양을 납치하여 돈 천만 원을 얻어내려 했고, 반성의 기미도 전혀 찾아볼 수가 없습니다. 따라서 형법 287조 미성년자 약취유인죄로 징역 7년을 구형하는 바입니다. 이상입니다.

재판장 : 변호사 측 논고를 시작하세요.

변호사 : 존경하는 재판장님, 유계범이 나샛별 양을 자신의 차에 태운 것은 사실이나 곧바로 마음을 바꿔 집으로 데려다 주려고 했던 것이고, 비록 순간 나쁜 마음을 먹었을 수는 있어도 지금 몹시 후회, 반성하고 있습니다. 선처해 주시길 바랍니다. 이상입니다.

재판장: 피고인 최후 진술해 주세요.

유계범: 나샛별양에게 오히려 당한 건 저라니까요? 여기 보십시오. 얼마나 꼬집혔는지 여기저기 다 멍이 들었습니다. 아이고, 그렇다고 제가 반성을 안 하고 있는 건 아닙니다. 정말 진심으로 후회하고 있습니다. 다신 그런 짓 안 할게요. 엉엉. 나샛별 양에게 정말 미안하고요, 증인석에 있는 강우돌 군에게도 정말 미안합니다. 이철구, 오민재 군에게도 진심으로 사과할게요. 엉엉.

재판장: 이상으로 피고인 최후 진술을 마치고, 최종 판결을 위한 심리를 위해 잠시 휴정하겠습니다.

(조명, 꺼졌다가 다시 켜지고)

재판장: 법정을 개정합니다. 지금부터 이 사건에 대한 판결을 시작하도록 하겠습니다.

피고인 유계범은 미성년자인 피해자를 유인하여 금전을 편취하려 한 정황이 인정된다. 그래서 본 법정은 유계범에게 징역 5년을 선고한다.

이상입니다. 재판을 마치겠습니다.